나를 살리는 기도

나를 살리는 기도

Life-Giving Prayer

**기도할 수 없는데
기도한 한 사람 이야기**

서진교 지음

아가페

추천의 글

　　이 책은 평생 성전에서 주야로 기도하며 메시아를 기다린 안나 선지자의 이야기다. 오늘날 기도의 자리를 지키기 힘들어하는 우리에게 깊은 울림으로 다가온다. 저자 서진교 목사님은 자신의 처절했던 삶의 여정(알코올중독 부모님, 네 번의 퇴학, 컨테이너 박스 생활 그리고 발달장애 자녀 양육)을 통해 기도가 단순히 문제 해결의 수단이 아니라, 하나님과 함께 호흡하는 생명의 시간임을 증거한다. 이 책은 응답받는 기도의 기술서가 아니다. 오히려 응답이 더딜 때, 광야가 끝나지 않을 것 같을 때, 그럼에도 기도의 자리를 끝까지 지켜낸 한 사람의 진솔한 고백이다.

저자는 기도하기를 쉬는 것이 왜 죄인지, 왜 기도 자체가 응답이 될 수 있는지를 자신의 삶으로 보여준다. 특히 십자가 복음을 붙들고 기도할 때 어떤 고난도 견딜 수 있다는 메시지는, 각자의 광야를 지나는 모든 신앙인에게 큰 위로와 소망이 될 것이다.

'기도는 돌파하는 것이 아니라 끝까지 버티는 것'이라는 마지막 장의 경구처럼, 홀로 기도의 자리를 지킨 안나처럼, 모든 이에게 그리고 기도의 열정을 잃어버린 이들에게 이 책을 권한다. 한 사람의 기도면 충분하다는 것, 가장 적막하고 어두웠던 사사시대에 하나님은 한 사람의 기도, 안나의 기도를 통해 끝까지 기도하는 자를 결코 외면하지 않으신다는 것을 이 책을 통해 다시 발견하게 될 것이다.

―송태근(삼일교회 담임목사)

이 책은 기도에 관한 단순한 지침서가 아니다. 오히려 고난과 기다림, 침묵 속에서도 하나님이 붙드시는 영혼의 이야기를 담은 한 편의 복음서와 같다. 저자는 '기도'라는 단어를 낭만적으로 다루지 않는다. 그에게 기도는 생존이자 순종이다. 하나님이 응답하지 않으실 때조차, 여전히 하나님께 나아가는 고백의 자리다. 그래서 『나를 살리는 기도』는 성경이야기와 저자의 삶의 고백이 맞물려 우리에게 '하나님을 향한 정직한 신앙'이 무엇인지를 들려준다.

이 책은 복음이 우리의 약함 속에서 더 아름답게 빛난다는 사실을 증명해 준다. 눈물 속에서도 하나님을 신뢰한 사람들의 이야기, 무너진 자리에서 다시 기도한 영혼의 간증이 한 줄 한 줄 스며 있다. 이 책을 읽는 동안 당신은 깨달을 것이다. 우리가 믿음으로 서 있는 것처럼 보일 때보다 눈물로 무너질 때, 하나님이 더 가까이 계시다는 사실을. 그리고 바로 그 자리에서 기도로 회복의 시작을 보게 된다는 사실을. 이 책으로 당신의 기도가 다시 살아나고, 영적 부흥을 새롭게 경험하기를 바란다.

— 김명호(일산대림교회 담임목사)

기도는 인간의 삶 중심에서 하나님을 만나는 언어다. 참 신자의 기도는 말씀의 빛 아래서 하나님과 교제하는 신학적 행위이기도 하다. 서진교 목사님의 『나를 살리는 기도』는 성경 말씀과 신자의 실존이 만나는 자리에서 태어난 귀한 책이다. 저자는 누가복음 2장에 등장하는 선지자 안나의 삶과 기도를 묵상한다. 하나님의 약속을 붙들고 오랜 세월 기도한 선지자 안나를 통해 '기도의 본질'을 탐구한다. 저자는 구약과 신약의 복음이 한 줄기로 이어지는 구속사 안에서 안나의 기도를 통찰력 있게 풀어낸다. 저자는 성경 말씀을 인용할 때마다, 교리와 삶이 어떻게 기도 안에서 하나로 연결되는지 보여준다. 그의 주해는 목회자의 무릎에서 나온 묵상이다. 안나의 기도를 해석하는 저자의 시선에는 고난을 통과한 신앙인의 눈물이 배어 있다. 저자는 고난 앞에서 하나님의 마음을 돌이켜 신속하게 문제 해결을 응답받는 것보다, 기도자의 마음을 움직이는 것이 기도의 능력임을 체험적으로 증언한다.

서진교 목사님은 '작은 자들을 섬기는 목회자'다. 이들의 곁에서 울고 웃으며 복음을 전하는 신실한 주님의 종이다. 그의 삶 자체가 기도다. 그가 전하는 메시지는 감상적 위로가 아니라, 바른 신학 위에서 우러나온 참 위로다. 그러하기에 사람의 마음을 움직이는 진정한 감동이 있다. 『나를 살리는 기도』는 기도의 본질을 성경과 사역의 현장에서 탐구한 목회자의 성경적 설교요 묵상이다. 이 책을 읽는 모든 독자가 기도하는 선지자 안나가 경험한 임마누엘의 하나님이 주시는 깊은 위로와 은혜를 동일하게 경험할 수 있기를 간절히 소망한다.

― 안상혁 (합동신학대학원대학교 총장, 역사신학 교수)

CBS "새롭게 하소서" 녹화 현장에서 서진교 목사님을 처음 만났다. 오랫동안 메마른 땅을 걸어온 목사님의 이야기를 들었다. 물 한 방울 없어 쩍쩍 갈라진 사막의 땅처럼, 메말라 있던 감정의 서진교라는 아이에게 하나님이 찾아오셨다. 지금은 가장 많이 눈물 흘리고, 눈물 없이는 있을 수 없고, 풍성한 감성으로만 사역할 수 있는 곳으로 하나님이 보내셨다. 풍성한 은혜로 메마른 땅을 다시 은혜의 땅으로 만드는 훌륭한 목회자로 사용하셨다. 목사님을 향한 하나님의 은혜에 놀랐다.

서진교 목사님은 하나님을 만나는 여러 방법이 있는데, 특별히 낮은 데로 가면 예수님을 만난다는 새로운 방법을 알려주셨다. 곳곳에 빼꼼히 숨어서 나를 바라보고 계신 예수님을 어떻게 만나는지 비법을 가르쳐주셨다. 목사님이 광야를 버텨낸 이유도, 은혜의 생수를 사람들에게 전하는 사역을 할 수 있는 이유도 기도였다. 나를 살리고 남을 살리는 삶의 원천인 기도를 소개한 『나를 살리는 기도』의 일독을 권한다.

— 주영훈(작곡가, CBS "새롭게 하소서" 진행자)

머리말

어릴 적부터 순복음교회에서 자랐다. 순복음 교단의 신학대학교를 졸업했다. 그곳에서 처음 기도를 배웠다. 주여 삼창 통성기도와 간절히 부르짖는 기도를 배웠다. 새벽에 기도하고, 정오에도 기도하고, 자기 전에도 기도했다. 금요일이면 삼각산에서 철야기도를 했다. 그곳에서의 기도는 뜨거웠다. 열정으로 충만했다. 기도는 돌파하는 것이라고 배웠다. 하나님의 응답을 믿고 기도하며 버텼다.

세월이 흘렀다. 우여곡절 끝에 합동신학대학원에 입학했다. 면접을 볼 때 세 명이 같이 들어갔는데, 교수님들이 나한테만 질문했다. 순복음 교단에서 합신으로 넘어온다는 것은 결코 흔한 일이 아니다. 극과 극의 이동이었다. 모두 의아해했다. 그곳을 졸업하고, 가장 보수적인 장로교단인 합신의 목사가 되었다. 그곳의 기도는 차분했다. 고요한데 하나님의 은혜가 충만했다. 기도는 버티는 것이라 배웠다. 하나님의 섭리를 믿고 기도하며 버텼다.

어찌 보면 양극단의 기도를 경험했다. 모두 그 시절 내게 꼭 필요한 기도였다. 지독한 역기능 가정에서 자란 내게 순복음의 기도는 내면의 울분과 화를 쏟아내는 통로였다. 누구도 귀 기울여주지도 감당하지도 못할 고난의 이야기를 하나님은 다 들어주셨다. 내 삶에 적극적으로 개입하시는 하나님을 참 많이 만났다.

오랫동안 감내해야만 하는 고난이 찾아올 때, 기도는 나를 버티게 했다. 내가 고난 중일지라도 여전히 나와 함께하시는 하나님을 보게 했다. 삶이 다 무너진 것 같은데, 여전히 내 삶을 가득 채우는 하나님의 섭리를 발견했다. 그야말로 기도 자체가 나를 살렸다. 버티게 하고 숨 쉬게 했다. 마침내 하나님의 때에 하나님의 뜻이 이루어졌다.

40년 동안 광야를 걸어갔다. 그 끝에서 성경의 안나 선지자를 다시 만났다. 안나는 이른 나이에 과부가 되고, 60년이 넘는 세월 광야를 걸어갔다. 안나 앞에서 내가 당한 고난은 아무 것도 아니었다. 안나는 어떻게 버틸 수 있었을까? 안나의 삶을 묵상하고 또 묵상했다. 그때부터 하나님이 내 마음을 여셨다. 성경에 단 세 구절밖에 안 되는 안나의 모습이 내게 풍성한 은 혜로 다가왔다. 안나와 비할 수 없지만, 비슷한 삶의 궤적도 확 인했다. 내게 역사하신 하나님을 안나 이야기에서도 찾을 수 있었다. 어제나 오늘이나 동일하신 하나님을 만났다. 안나의 기도가 오늘 우리에게도 큰 배움이자 유익임을 발견했다.

안나는 기도로 살았다. 기도해서 삶을 끝까지 살아낼 수 있었다. 삶의 고난 앞에 무너져 절망한다면, 내 마음의 짐을 다 내려놓고 싶다면, 기가 막힐 웅덩이에서 건지시는 하나님을 만 나고 싶다면, 나를 힘들게 하는 사람 때문에 무너지고 싶지 않 다면, 마침내 내 삶에 역사하시는 하나님을 만나고 싶다면, 우 리는 안나를 만나야 한다. 안나 선지자의 기도를 배워야 한다. 그 기도가 안나를 살렸듯 나를 살린다.

평생 내 기도 동역자요 기도 스승인 아내와, 고사리 손으 로 아빠를 위해 기도해 주는 딸에게 이 책을 바친다.

차례

추천의 글 4
머리말 9
여는 이야기 하나님의 약속을 붙들고 기도한 선지자 안나 14

1부 — 절망의 자리에서, 기도를 붙들다

1. 가장 사랑하는 사람을 잃은 안나 25

2. 깊은 상처를 극복한 안나 45

나를 살린 기도 나눔 68

2부 — 홀로, 기도의 자리를 지키다

3. 주야로 금식하며 기도한 안나 73

4. 60년 과부 세월 굶어 죽지 않은 안나 101

5. 홀로 기도의 자리를 지킨 안나 110

나를 살린 기도 나눔 138

3부 — 마침내, 약속의 성취를 보다

6. 무시하는 사람들을 돌이킨 '선지자' 안나 143

7. 하나님 약속의 성취를 본 안나 165

8. 복음을 붙들고 평생 기도한 안나 193

나를 살린 기도 나눔 218

닫는 이야기 평생 복음을 붙들고 기도한 사람들 220

여는 이야기

하나님의 약속을 붙들고 기도한 선지자 안나

"또 아셀 지파 바누엘의 딸 안나라 하는 선지자가 있어 나이가 매우 많았더라 그가 결혼한 후 일곱 해 동안 남편과 함께 살다가 과부가 되고 팔십사 세가 되었더라 이 사람이 성전을 떠나지 아니하고 주야로 금식하며 기도함으로 섬기더니 마침 이 때에 나아와서 하나님께 감사하고 예루살렘의 속량을 바라는 모든 사람에게 그에 대하여 말하니라"(눅 2:36-38)

안나는 결혼 후 7년 동안 남편과 함께 살다가 과부가 된다. 84세가 될 때까지 재혼하지 않고, 성전에서 주야로 금식하며 기도한다. 당시 여자가 보통 15-16세 전후에 결혼했으니, 안나는 20대 초반에 과부가 되어 60년 넘게 혼자 살아온 것이다. 그것도 성전에서 주야로 금식하며 기도하면서 그렇게 살았다.

안나는 평생 기도하면서 하나님이 약속하신 예수님을 기다렸다. 안나는 어떻게 평생 기도하는 삶을 살 수 있었을까? 더는 의지할 데가 없으니 자연스럽게 하나님을 의지한 것 아니냐고 한다. 그러나 안나가 받은 상처를 간과해서는 안 된다. 사랑하는 배우자를 잃은 깊은 상처 말이다. 안나는 남편을 잃었다. 가장 사랑하는 사람을 잃었다. 하나님이 가장 사랑하는 사람을 데려가셨다. 사람이 겪을 수 있는 가장 큰 고통을 당했다. 그런데 하나님을 의지한다는 것이 쉽겠는가. 차라리 하나님을 욕하고 저주하고 스스로 삶을 포기하지, 하나님을 의지한다는 것은 결코 당연한 수순이 아니었다. 안나는 가장 사랑하는 사람을 데려간 하나님을 믿기 어려운 상황이었다.

그런데 안나는 사람 앞에서 울지 않았다. 하나님 앞에 와 울었다. 사람 앞에서 넘어지지 않았다. 하나님 앞에 와서 넘어졌다. 하나님 앞에서 울며불며 통곡했다. 그리고 마침내 하나님을 만났다. 약속을 주시는 하나님을 만났다. 안나의 내면 깊은 곳에 있던 상처와 아픔이 치유되었다. 누구도 위로하거나 치료하지 못할 상처가 씻겨 나갔다. 안나는 약속을 주신 하나님을 인격적으로 만났다.

안나는 평생 하나님을 의지했다. 그 믿음의 원동력이 바로 하나님의 약속이었다. 안나는 하나님의 약속을 받은 사람이었다. 하나님이 약속하신 메시아가 오시기를 평생 기도했다. 평생 복음을 붙들고 기도했다. 새로운 남편을 달라고 기도하지 않았다. 가난이 사라지길 기도하지 않았다. 오직 한 가지, 복음만 붙들고 기도했다. 우리를 위해 십자가에서 죽으시고 부활하실 예수님이 오시리라는 약속을 붙들고 평생 기도의 자리를 지켰다.

복음이라는 한 가지 기도 제목을 놓고 평생 기도한 안나는 결코 무료하지 않았다. 평생 복음을 주술적으로 외운 것이 아니다. 오히려 안나의 삶은 역동적이었다. 복음 안에 담긴 하나님의 사랑을 끊임없이 깨달았다. 하나님의 사랑을 경험하는 나날이었다. 다윗은 예수님이 오시기 천 년 전부터 예수님을 주님으로 고백했다. 예수님이 십자가에서 죽으시고 부활하실 것을 성령님을 통해 미리 보고 찬양했다. 다윗은 오실 메시아의 약속과 그분의 사랑과 은혜의 풍성함을 미리 맛보았다.

다윗이 그러할진대 예수님의 오심이 임박한 때의 안나는 더하면 더했지 덜하지 않았을 것이다. 더군다나 안나처럼 일평생 복음 하나만 바라보고 살아간 사람은 없다. 안나는 그 누구보다 가장 깊이 복음을 이해하고 믿었을 것이 자명하다. 고난 많고 한이 많은 삶이어도 괜찮았다. 복음은 안나의 삶에서 끊임없이 새로웠다. 복음 안에 담긴 하나님의 사랑이 안나의 마음을 덮고도 남았다. 그 사랑이 날마다 크고 선명해지니 살 소망을 얻었다. 복음을 붙든 기도가 안나를 살렸다. 안나를 평생 살게 했다.

안나는 평생 성전에서 기도하며 오실 메시아의 약속을 전했다. 사람들이 그런 안나를 선지자라고 불렀다. 놀라운 일이었다. 본래 선지자라는 칭호는 남자에게 사용했다. 구약에는 여자 선지자가 거의 없었다. 그런데 사람들이 안나를 선지자라고 불렀다. 더군다나 안나는 평범한 여인이 아닌 과부였다. 가진 것도 내세울 것도 없는 과부였다. 안나는 오실 메시아의 약속을 사람들에게 전했다. 복음을 평생 선포했다. 복음을 들은 사람들이 안나의 탁월함을 인정했다. 안나가 선포한 복음의 깊이에 경탄했다. 그래서 과부임에도 선지자로 인정받았다. 하나님께도 인정받고 사람에게도 인정받았다.

안나는 굶어 죽지 않았다. 안나는 과부였다. 평생 과부로 살았다. 복지도 지금 같지 않았다. 후원 같은 것도 없었다. 어쩌면 주야로 성전에서 기도할 때 금식할 수밖에 없었을지도 모른다. 아무도 돕는 사람이 없었으니 말이다. 그런데 하나님이 안나를 친히 돌봐주셨다. 친히 먹이시고 입히셨다. 그래서 안나는 굶어 죽지 않았다. 자신의 인생을 끝까지 살아낼 수 있었다.

오랜 세월이 흘렀다. 안나가 성전에서 기도한 지 60년이 지났다. 평소처럼 성전에서 금식하며 기도하는데, 성전 입구에 한 부부가 아기를 안고 들어왔다. 그 아기를 본 순간, 안나는 단번에 알았다. 예수님이신 줄 한눈에 알아보았다.

'저분이구나, 바로 저분이구나. 오실 메시아, 그리스도, 하나님의 아들이 마침내 우리에게 오셨구나.'

안나가 느꼈을 전율과 감동은 아무도 헤아리지 못한다. 그 누구도 60년이 넘는 세월을 기도하며 기다린 사람은 없기 때문이다. 감격에 흐르는 눈물이 그치지 않았다. 예수님을 만난 그날, 안나는 그간의 회한이 모두 사라졌다. 모든 회한이 눈 녹듯 사라졌다. 안나는 누구보다 행복했다. 누가 봐도 불행한 인생이고 저주받은 인생인데, 안나는 누구보다 행복한 인생이었다. 삶의 처지와 형편이 행복을 결정하는 것이 아니었다. 하나님을 만나는 것, 하나님의 약속의 성취를 보는 것, 하나님과 동행하는 것이 삶의 가장 큰 기쁨이었다. 안나는 행복자였다.

안나는 사람들에게 눈물로 전했다. "이 아기가 바로 메시아예요!" 자신의 사명을 모두 완수했다.

안나는 오랜 세월 기도의 자리를 끝까지 지켰다. 그리고 결국 하나님이 약속하신 메시아를 눈앞에서 보았다. 끝까지 기도의 자리를 지켜 하나님의 약속의 성취를 보고야 만 것이다. 아무도 메시아가 오리라고 기대하지 않을 때, 기도의 자리를 지킨 안나는 예수님을 만났다. 안나 한 사람이면 충분했다. 기도하는 한 사람이면 충분했다.

말라기 선지자 이후로 예수님이 오시기까지 400년이 걸렸다. 학자들은 그 시기를 암흑기라고 부른다. 더 이상 선지자도 하나님의 말씀도 희귀하여 보이지 않아 암흑기라고 한다. 그런데 본문 말씀을 통해 한 가지 알 수 있는 것이 있다. 적어도 그 400년에서 80년은 빼야 한다. 안나 선지자가 있기 때문이다. 여전히 하나님의 약속, 오실 메시아를 전하는 여선지자 안나가 있었기 때문이다. 그렇다면 320년의 암흑기였을까? 그렇지 않다. 안나에게 오실 메시아를 전해 준 누군가가 있었을 것이다. 하나님의 말씀은 끊긴 적이 없다. 보이지 않아도 늘 누군가에게 전해지고 이어져 내려왔다. 말라기 이후로 하나님의 말씀과 역사도 쉬지 않았다.

예수님은 안식일에 병자를 고치셨다. 왜 안식일에 사람을 고치는 '일'을 하느냐며 따진 유대인들에게 말씀하셨다.

"내 아버지께서 이제까지 일하시니 나도 일한다"(요 5:17)

예수님은 하나님 아버지께서 안식일에 쉬지 않는다고 말씀하셨다. 쉬지 않고 일하고 계심을 알려주셨다. 태초에 하나님은 6일 동안 세상을 창조하시고 7일째 안식하셨다. 그런데 사람이 죄를 지어 하나님을 떠난 순간부터 하나님은 안식하지 못하셨다. 자식이 집을 나갔는데 발 뻗고 잠을 잘 부모는 없다. 하나님이 자식으로 지은 사람이 죄를 지어 하나님을 떠난 순간부터 하나님은 안식하지 못하셨다. 잃어버린 자식을 찾으려 쉬지 않고 일하셨다. 안식일에도 쉬지 않으셨다. 암흑기라고 불리던 그 시기에도 하나님은 여전히 일하셨다.

오늘날을 교회의 암흑기라고 한다. 도저히 소망이 보이지 않는다고 한다. 무슨 방법을 써도 소용없는 것 같다. 믿음의 선배 안나 선지자를 본받자. 하나님의 약속을 붙들고 기도하자. 안나가 그 약속의 실현인 예수님을 보았듯, 우리도 약속을 이루시는 하나님을 볼 것이다. 안나는 혼자 기도했지만 혼자가 아니었다. 하나님이 그 기도의 자리에 늘 함께하셨다. 우리도 혼자가 아니다. 우리의 기도 자리에 하나님이 함께하신다. 먼저 우리에게 풍성한 은혜를 주신다. 나로 먼저 꿈꾸고 기대하게 하신다.

Life-Giving Prayer

1부

절망의 자리에서, 기도를 붙들다

Anna's Prayer 1

가장 사랑하는 사람을 잃은 안나

안나는 사랑하는 남자를 만나 결혼했다. 7년 동안 함께 살았다. 신혼의 때를 지냈다. 결혼 초이기에 살림도 형편도 넉넉하지 않았을 것이다. 그래도 괜찮았다. 밝은 미래를 그리며 곁에서 손잡아주는 남편이 있었기 때문이다. 힘들어도 서로 의지하며 한 걸음씩 걸어갔다. 소소한 행복을 누리며 살았다.

그런데 어느 날 남편이 죽었다. 결혼한 지 7년밖에 되지 않았는데, 아직 신혼인데, 허망하게 남편을 잃고 말았다. 슬퍼할 겨를도 없었다. 슬퍼하기에는 충분한 시간도 여유도 주어지지 않았다. 안나 혼자 남았기 때문이다. 더 이상 의지할 데가 없었다. 따뜻했던 이웃도 모두 안나를 피했다. 가족도 안나를 외면했다. 누구도 안나의 삶을 책임져주지 않았다. 남은 삶을 홀로 살아내야만 했다.

안나가 할 수 있는 유일한 일은 하나님 앞에 와 엎드리는 것이었다. 가장 소중한 사람을 데려가셨는데, 자기를 버리신 줄 알았는데, 그럼에도 하나님을 찾았다. 하나님 외에는 의지할 데가 없었기 때문이다. 하나님께 버림받은 것이 확실한데, 바보같이 하나님께 나아갔다. 그리고 그 앞에 엎드려 울었다. 울다 지쳐 쓰러져 잠드는 날이 많았다. 엎어질 수밖에 없는 인생, 넘어질 수밖에 없는 인생이지만 하나님 앞에서 넘어졌다. 하나님 앞에서 쓰러졌다. 그 기도가 안나를 살렸다.

✳ 나와 함께 울어주신 예수님

신학교에 입학해 노숙자들을 만나고 장애인 봉사를 다녔다. 하나님의 일이라면 물불 가리지 않았다. 열심히 기도했다. 새벽에 기도하고, 정오에 기도하고, 자기 전에 기도했다. 금요일마다 삼각산에 올라 철야기도도 했다. 그런데 신학교 3학년 때 등록금을 내지 못해 퇴학 처리 되었다. 당시 신학교에서 장학금으로 90만 원을 받았다. 등록금이 250만 원이었으니 어떻게든 모아서 내야만 했다. 그런데 등록금이 부족해 힘들어하는 다른 학과 선배의 이야기를 전해 들었다. 장학금 90만 원을 그 선배에게 주었다. 선배는 등록금을 완납했다. 나는 끝까지 기도했는데, 결국 등록금을 내지 못해 퇴학 처리 되었다. 주님의 부르심을 받아 신학교에 왔는데, 신학교에서 쫓겨나고야 말았다.

때마침 아버지가 또 큰 문제를 일으키셨다. 원래 가난했는데, 그야말로 쫄딱 망했다. 살던 집을 정리하고 짐을 최대한 줄여 이사했다. 용달차를 타고 도착해서 보니, 다 쓰러져가는 작은 구옥이 하나 있었다. 사방이 넝쿨로 뒤덮였고 화장실이 밖에 있었다. 이런 데서 어떻게 사나 싶어 기가 찼다. 뒤이어 차에서 내린 아버지가 말했다.

"거기가 아니야, 2층이야."

이런 집에 2층이 있나 싶어 보니, 집 옆으로 녹슨 철제계단이 있었다. 계단 위 옥상에는 컨테이너 박스가 덩그러니 놓여 있었다. 공사장에서나 보던 컨테이너 박스가 우리가 살 집이었다. 겨울에는 몹시 춥고 여름에는 찌듯이 더운 그곳에서 살았다.

매일 술주정하는 부모님 뒤치다꺼리를 하다 보면 하루가

금방 갔다. 늦은 밤 부모님이 주무시면 교회에 갔다. 당시 내 마음에 굳은 확신이 하나 있었다.

'하나님이 나를 버리셨구나.'

나는 하나님께 버림받았다는 걸 알면서도 바보같이 교회에 또 갔다. 의지할 데가 한 군데도 없었기 때문이다. 비빌 언덕이 없는 인생이기에 교회에 갔다. 나를 버리신 걸 아는데, 바보같이 매일 교회에 갔다. 간다고 기도가 나오는 것도 아니었다.

하루는 자정이 가까워 교회에 갔다. 갑자기 폭우가 쏟아졌다. 비를 맞으며 걷다가 순간 마음에 가득 차 있던 분노가 폭발했다. 하늘을 향해 삿대질하며 따졌다.

"어떻게 나한테 이럴 수 있어요? 내가 그렇게 충성했는데, 헌신했는데 어떻게 나한테 이럴 수 있어요? 왜 나한테만 이래요?"

고래고래 소리를 질렀다. 아무도 나와 보는 이가 없었다. 그만큼 비가 세찼다. 그러고는 바보같이 또 교회에 갔다. 흠뻑 젖은 몸으로 지하 기도실에 앉았다. 그 순간 예수님이 나를 안아주셨다. 나를 꼭 끌어안아 주셨다. 예수님이 내 눈에 보이지는 않았다. 그런데 확실히 알았다. 예수님이 나를 안아주셨다. 그리고 나와 함께 울어주셨다. 그때 알았다. 우는 마리아를 보고 함께 우신 예수님이 지금도 눈물 흘리는 신자들과 함께 우신다.

우는 사람에게 조언하는 것은 때로 가혹하다. 그에게 상처가 될 수 있기 때문이다. 우는 사람에게 가장 큰 위로는 함께 울어주는 것이다. 눈물 흘리는 그의 눈에 마주친 내 눈의 눈물이 가장 큰 위로가 된다. 우리가 울 때 예수님은 나와 함께 눈물 흘리신다. 그 눈물이 신자를 살린다. 폭풍같이 요동치던 마음의 파도가 잔잔해진다.

그때 나는 깨달았다. 인생을 살면서 하나님이 가장 멀리 있다고 느껴지는 그 순간, 하나님은 가장 가까이 계셨다. 극심한 고난으로 하나님이 느껴지지 않을 그때, 하나님은 바로 내 곁에 계셨다. 우리는 기도가 응답되고 형통할 때 하나님이 가까이 계신다고 여긴다. 물론 그때도 주님은 함께하신다. 그보다 우리가 깊은 고난에 빠져 있을 때, 주님은 가장 가까이 계신다.

자녀가 길을 가다 넘어지면 부모는 즉시 달려가 안아준다. 왜 넘어졌느냐고 타박하지 않는다. 손가락질하지 않는다. 우리가 넘어지는 순간 주님은 즉시 달려와 안아주신다. 함께 울어주신다. 주님 때문에 내가 살았다. 주님의 눈물이 나를 살렸다.

✧ 마리아의 눈물을 보고 함께 우신 예수님

예수님이 사랑하시는 나사로가 병으로 죽게 되었다. 나사로의 누이 마르다와 마리아가 급히 예수님께 사람을 보냈다. 오셔서 오라비를 치료해 달라고 부탁했다. 그런데 예수님은 부탁을 거절하셨다. 가서 나사로를 고쳐주지 않으셨다. 결국 나사로는 죽고 말았다. 장례식이 한창이던 때 예수님이 찾아오셨다. 예수님이 오셨다는 소식을 들은 마르다는 뛰어나갔다. 마리아는 나가지 않았다. 오라비를 고쳐주지 않은 예수님께 서운했기 때문이다. 예수님을 만난 마르다가 말했다.

"주께서 여기 계셨더라면 내 오라비가 죽지 아니하였겠나이다."

마르다는 의연하게 말했다. 최대한 감정을 절제한 채 공손히 말했다. 예수님은 나사로가 다시 살아날 거라고 말씀하셨다. 마르다에게 마리아를 불러오라고 하셨다. 예수님이 찾으신다는 말을 들은 마리아가 급히 뛰어나갔다. 마리아는 예수님을 보자마자 그 발치에 엎드려 하염없이 울었다. 울며불며 예수님께 말했다.

"주께서 여기 계셨더라면 내 오라비가 죽지 아니하였겠나이다."

마르다와 마리아의 말은 똑같았다. 말은 똑같은데 태도가 달랐다. 최대한 의연한 척한 마르다와 달리 마리아는 무너진 마음 그대로 예수님 앞에 엎드렸다. 대성통곡하며 하소연했다. 그 모습을 보신 예수님이 눈물을 흘리셨다. 마리아의 눈물을 보시고 마음이 동해서 함께 울어주신 거다.

우리는 신앙생활하면서 예수님께 무너진 모습을 보이려 하지 않는다. 그것이 믿음 없는 모습이라고 생각하기 때문이다. 그리고 마음을 감추고 의연하고 공손하게 기도한다. 그것이 믿음이라고 생각한다. 그런 우리의 생각과 달리 마리아는 펑펑 울었다. 자신의 마음을 예수님 앞에 다 쏟아냈다. 지켜보는 사람이 불안할 정도로 가감 없이 감정을 표출했다. 그런 마리아를 예수님은 혼내지 않으셨다. 믿음 없다고 꾸짖지 않으셨다. 함께 우셨다. 함께 눈물 흘려주셨다.

※ 고난이 찾아오는 이유

우리가 신앙생활하다 보면 고난이 올 때가 있다. 아무리 열심히 기도해도 힘든 날은 찾아온다. 그러면 우리는 자기 탓을 한다. 내가 무슨 죄를 지었나, 무슨 잘못을 했나, 죄책감에서 벗어나기를 힘겨워한다. 고난당하는 것도 힘든데, 고난을 버텨 내는 것만으로도 힘에 겨운데, 내 죄 때문이라는 자책감이 우리 마음을 더욱 무겁게 한다. 우리가 이 땅을 살아갈 때 고난이 찾아오는 데는 이유가 있다.

하나님은 첫 사람 아담에게 "선악을 알게 하는 나무의 열매를 먹지 말라"고 말씀하셨다. "먹으면 반드시 죽으리라" 경고하셨다. 그런데 사람은 선악과를 따먹었다. "선악과를 먹으면 하나님처럼 된다"는 뱀의 유혹에 넘어갔다. 사람은 하나님이 되리라 기대했는데, 오히려 죄인으로 전락하고 말았다. 그러고는 자신의 벌거벗음을 깨닫고, 나뭇잎으로 몸을 가린 채 숨었다. 하나님 앞에서 당당한 하나님이 되려 했지만, 하나님이 두려워 숨는 타락한 죄인으로 전락하고 말았다.

하나님은 죄인이 된 사람을 찾아오셨다. 죄로 인해 죽을 수밖에 없는 사람에게 구원자를 약속하셨다. 여자의 후손, 즉 남자의 후손이 아니라 여자의 후손인 동정녀를 통해 태어날 예수님을 약속하셨다. 그 여자의 후손이 뱀의 머리를 밟을 것이고, 뱀은 여자의 후손의 발꿈치를 상하게 할 것이라 했다. 예수님은 십자가에 못 박혀 죽으시겠지만, 삼일 만에 부활하심으로 사단의 사망 권세를 깨뜨리실 것이 처음부터 약속되었다. 죄로 인해 죽을 수밖에 없었던 인간, 사망이라는 무기로 사람을 쥐고 흔들었던 사단의 권세가 예수님의 십자가 죽음과 부활로 박살난 것이다. 하나님은 죄를 지은 사람에게 처음부터 구원자를 약속하셨다. 곧이어 사람이 죄를 지어 땅이 저주받았다고 말씀하셨다.

> "땅은 너로 말미암아 저주를 받고 … 땅이 네게 가시덤불과 엉겅퀴를 낼 것이라"(창 3:17-18)

사람이 지은 죄 때문에 땅이 저주받은 것이다. 그때부터였다. 나는 분명히 씨를 뿌렸는데, 내가 심지도 않은 가시덤불과 엉겅퀴가 나기 시작했다. 내 인생에서 의도하지 않았던 가시덤불과 엉겅퀴가 그때부터 나기 시작했다. 나는 땀 흘려 수고했는데, 선하게 살려고 몸부림쳤는데, 내가 심지도 뿌리지도 않은 가시덤불과 엉겅퀴가 났다.

그때부터 사람은 참 힘들게 살았다. 아무리 예수님을 잘 믿는 신자도 저주받은 땅을 딛고 살아간다. 그래서 우리 삶에 예상치 못한 가시덤불과 엉겅퀴가 찾아올 때가 있다. 여자의 후손인 예수님을 통해 구원받았지만, 우리는 저주받은 이 땅을 살아야 한다. 그래서 삶에 고난과 아픔과 상처가 있는 것이다.

그런 하나님은 우리를 내버려두지 않으셨다. 첫 사람 아담과 하와에게 가죽옷을 입히셨다. 하나님은 동물의 가죽으로 옷을 지어 입히셨다. 금방 바스라지고 추운 나뭇잎 옷이 아니라, 튼튼하고 따뜻한 가죽옷을 지어 입히셨다.

이 말은 하나님이 그들을 돌보셨다는 의미다. 죄로 인해 하나님이 필요 없다며 선악과를 따먹은 인간이지만, 하나님의 자리를 탐하고 반역한 죄인이지만, 그런 사람조차 사랑하셔서 가죽으로 옷을 지어 입히셨다.

신자는 이 땅을 살아가면서 구원의 감격으로 기뻐할 때가 있다. 나를 구원해 주신 예수님의 은혜가 몹시 고마워 눈물이 날 때가 있다. 예수님만 생각하면 그저 배시시 웃음이 나올 때가 있다. 그런데 예상치 못한 고난으로 깊은 광야를 통과해야 할 때도 있다. 힘든 시간을 지나간다. 영원히 끝날 것 같지 않은 고난 한가운데 버려진 것 같다. 그럼에도 우리가 낙심하지 않음은 하나님이 우리를 돌보시기 때문이다. 구원받은 신자로서 저주받은 이 땅을 딛고 살아가지만, 하나님은 이 땅에서 나를 돌보신다. 그래서 신자는 이 땅에서 버틸 수 있다. 기도라는 끈을 통해 하나님을 붙들 수 있다. 하나님을 의지할 수 있다.

✢ 내 뜻과 하나님의 뜻이 달라서 넘어질 때

　신앙생활을 하면서 기쁘고 즐거울 때도 있지만, 어쩌면 더 많은 시간을 답답함 속에서 보내고 있을지도 모른다. 가만히 눈을 감고 지난날 내 신앙생활의 여정을 돌아보면, 알지 못할 답답함에 가슴 치던 때가 많았다. 이 답답함을 평생 안고 살자니 언제 폭발할지 모르겠고, 드러내놓자니 어떻게 해야 할지 몰라 주변을 두리번거리는 것이 우리의 모습인 것 같다.

　세례 요한은 이스라엘의 마지막 선지자다. 그의 사명은 이스라엘의 메시아가 오시는 길을 예비하는 것이었다. 예수님이 오셔서 하실 일의 토대를 준비함으로써, 사람들이 죄 사함의 복음을 받아들이도록 준비시켰다. 예수님은 이런 세례 요한을 보고, 여자가 낳은 자 중에 세례 요한보다 큰 이가 없다고 하시며 그의 삶과 사역을 높이 사셨다.

　그런데 예수님을 위해 일생을 산 세례 요한이 감옥에 갇혔다. 세례 요한은, 동생의 아내인 헤로디아와 결혼한 헤롯 왕의 잘못을 비판하다가 감옥에 갇혔다. 헤로디아에게 죽임당할 위기에 처했지만, 백성을 두려워하고 세례 요한의 말을 달갑게 듣던 헤롯 왕의 보호를 받으며 옥중생활을 하고 있었다.

　감옥에서 옥고를 치르던 세례 요한은 제자들을 예수님께

보냈다. 제자들이 예수님께 와서 세례 요한의 말을 전하는데, 그 말이 매우 의아했다.

"오실 그이가 당신이오니이까 우리가 다른 이를 기다리오리이까"(눅 7:20)

세례 요한은 제자들을 통해 예수님께 당신이 오실 그이, 즉 메시아가 맞는지 물은 것이다. 다른 사람도 아닌 세례 요한이 이런 질문을 했다는 것은 납득하기 어렵다. 평생 예수님의 오심을 예비하던 요한의 질문이라고는 믿기지 않는다.

우리는 살면서 신앙의 회의에 빠질 때가 있다. 예수님을 구주로 고백하면서도 예수님이 정말 나를 구원하셨는지, 내 삶을 주관하시는지 의문이 밀려올 때가 있다. 그때마다 우리는 당황한다. 이런 모습이 죄를 짓는 것 같아 황급히 마음을 덮어 버린다. 그리고 그 의문을 꽁꽁 숨긴 채 신앙생활을 지속한다. 신앙생활에 회의감이 밀려오는 것은 분명 염려되는 일이지만, 그렇다고 피해야 할 일은 아니다. 지나치게 경계하다가는 내 믿음이 맹신으로 빠질 수 있고, 피하다가는 나중에 울분이 폭발해 아예 믿음을 저버리게 된다.

우리는 세례 요한처럼 예수님께 정직하게 물어야 한다. 누구보다 예수님이 하나님이시며 구원자이심을 잘 아는데, 그것이 지금 내 삶에서 잘 믿어지지 않는다고 그대로 고백해야 한다. 이런 고백을 한다고 하나님은 우리를 탓하지 않으신다. 세례 요한의 질문을 받으신 예수님은 그를 질책하지 않으셨다. 더나아가 사람들 앞에서 세례 요한의 사역과 삶을 칭찬하셨다.

"여자가 낳은 자 중에 세례 요한보다 큰 자가 없도다"
(눅 7:28)

자칫 믿음 없어 보일 수 있는 세례 요한을 예수님이 직접 높여주셨다. 신앙을 공고히 해주실 뿐 아니라, 사람들에게서 보호해 주시는 분이 우리 예수님이다. 세례 요한은 그 누구보다 먼저 예수님을 메시아로 알았다. 요한이 예수님께 세례를 베풀 때, 성령이 예수님 위에 임한 것을 보았다. 일전에 요한은 "성령이 내려서 누구 위에든지 머무는 것을 보거든 그가 곧 성령으로 세례를 베푸실 이인 줄 알라"(요 1:33)는 하나님의 말씀을 들은 적이 있다. 요한은 예수님의 머리 위에 성령이 머무는 것을 보았고, 예수님이 하나님의 아들이심을 알았다. 이미 성령에 의해 예수님이 메시아이심을 확신했다.

이러한 세례 요한의 모습은 심지어 태중에 있을 때도 나타났다. 마리아가 예수님을 잉태한 후 엘리사벳을 방문했을 때, 태중의 요한이 뛰놀았다. 엘리사벳은 마리아를 보고 "내 주의 어머니"라고 고백했다. 세례 요한은 태중에서부터 성령에 의해 예수님을 메시아로 알고 반응한 것이다. 요한은 누구보다 먼저 예수님을 정확히 알고 있었으며, 예수님이 메시아로서 어떤 일을 감당하실지도 알았다.

"보라 세상 죄를 지고 가는 하나님의 어린 양이로다"
(요 1:29)

요한은 예수님이 인류의 죄를 대속하기 위해 오신 그리스도이심을 알았다. 그런데도 그는 죽음을 눈앞에 두고 "당신이 메시아가 맞습니까?"라고 물었다. 예수님이 메시아가 아니라고 생각한 것이 아니다. 단지 자신의 의문을 예수님께 여쭌 것이다.

세례 요한은 예수님을 심판자로도 이해했다.

"손에 키를 들고 자기의 타작마당을 정하게 하사 알곡은 모아 곳간에 들이고 쭉정이는 꺼지지 않는 불에 태우시리라"(눅 3:17)

요한은 예수님이 불의한 자들을 심판하실 거라 기대했다. 부패한 종교지도자들을 심판하고, 정의를 바로 세울 것이라 기대했다. 그런데 아무 일도 일어나지 않았다. 불의한 자들은 여전히 떵떵거렸고, 자신은 감옥에 갇혔다. 예수님은 오히려 가난한 자를 먹이시고 병든 자를 고치셨다. 심판자의 모습은 찾아볼 수 없었다. 답답했던 요한은 제자들을 예수님께 보내 "지금 무엇을 하고 계십니까?"라며 돌려 물은 것이다.

우리는 내 뜻과 하나님의 뜻이 다를 때 절망한다. 간절히 기도해도 응답되지 않을 때 신앙의 근간이 흔들린다. 하나님께 따지고 싶지만 감히 그러지 못하고 조심스럽게 묻는다.

"하나님, 왜 이런 일이 제게 일어나야 합니까?"

요한의 질문에 예수님은 이사야의 예언이 자신을 통해 성취되었음을 말씀하셨다.

> "너희가 가서 듣고 보는 것을 요한에게 알리되 맹인이 보며 못 걷는 사람이 걸으며 나병환자가 깨끗함을 받으며 못 듣는 자가 들으며 죽은 자가 살아나며 가난한 자에게 복음이 전파된다 하라"(마 11:4-5)

예수님은 요한이 평생 전하던 메시아가 자신이 맞다고 다

시 한번 확증하셨다. 그러고는 요한에게 실족하지 말라고 격려하셨다.

> "누구든지 나로 말미암아 실족하지 아니하는 자는 복이 있도다"(마 11:6)

신앙의 위기 속에서 믿음을 잃지 말라는 격려였다. 예수님은 요한의 마음을 아셨고, 그의 헌신이 헛되지 않음을 알려 주셨다. 그의 삶을 통해 하나님의 나라가 임했음을 분명히 해 주셨다.

요한처럼 오랜 시간 봉사하고 헌신했는데도 삶에 아무 변화가 없을 때 답답함이 밀려온다. 그러나 우리는 예수님의 말씀을 붙잡아야 한다. 내 헌신을 통해 하나님의 나라가 확장되고 있음을 기억해야 한다. 하나님께 위로를 구할 때 주님은 반드시 응답하신다. 내 삶의 문제 해결은 더딜 수 있어도, 나를 위로해 달라는 기도에는 즉시 응답하시는 분이 예수님이다. 주님의 위로와 평안이 있으면 우리는 고난 속에서도 살아갈 수 있다.

예수님의 말씀을 전해 들은 세례 요한은 더 이상 대꾸하지 않았다. 더는 예수님께 사람을 보내지 않았다. 시간이 흘러

요한은 헤로디아의 계략으로 목 베임을 당했다. 제자들이 그를 장사하고 예수님께 알렸다. 예수님은 그 소식을 듣고 모든 사역을 멈추시고는, 따로 빈 들에서 혼자만의 시간을 보내셨다. 그만큼 예수님은 요한을 사랑하셨다.

살면서 넘어지지 않으면 좋겠지만, 넘어질 순간이 찾아온다. 넘어져야 하고 쓰러져야 한다면 주님 앞에 와서 쓰러지자. 울어야 한다면 주님 앞에 와서 울자. 하소연해야 한다면 주님 앞에 와서 다 쏟아놓자. 주님이 모두 들어주신다. 우리를 위로하신다. 의심으로 요동치는 마음을 잔잔하게 하신다. 나를 버리신 줄 알았는데, 여전히 나를 사랑하심을 깨닫는다.

✻ 내 모습 그대로 받으시는 주님

기도할 힘조차 남아 있지 않던 때였다. 기도하겠다고 앉아있었지만 한 마디도 나오지 않았다. 기도해야 할 순간인데, 기도로 도움을 구해야만 하는데, 도저히 기도할 수 없었다. 입 뻥긋할 힘조차 없었다.

벽에 등을 기대고 앉아 멍하니 벽만 바라보았다. 초점 잃은 눈으로 한참 벽만 바라보고 있었다. 순간 내 눈에서 한 줄기 눈물이 흘렀다. 또르르 뺨을 타고 흘러내렸다.

'다 들으시는구나, 다 아시는구나.'

기도하다 말문이 막힐 때가 있다. 그러면 멍하니 벽을 응시한다. 말하지 않아도 괜찮다. 마음이 하나님을 향하기 때문이다. 마음을 들으시니 기도는 그치지 않는다. 그때 나는 알았다. 멍하니 벽을 응시하고 있는 그 순간이 바로 기도 시간이었다. 아무 말 하지 않아도 하나님은 기도로 여겨주셨다. 입도 뻥긋하지 않았지만, 내 마음의 깊은 탄식을 기도로 받아주셨다. 사람은 외모를 보지만, 하나님은 마음을 보신다. 내 마음의 소리에 귀 기울이신다.

기도는 하나님 앞에 내 얼굴을 비춰드리는 것이다. 하나님 앞에 나타나는 것이다. 그거면 충분하다. 하나님은 내 상한 마음을 다 아신다. 모두 받아주신다. 기도는 어려운 것이 아니다. 거창할 것도 없고 꾸며낼 것도 없다. 내 마음 그대로 하나님 앞에 나오면 된다. 있는 모습 그대로 하나님께만 나오면 된다.

✻ 신자는 이 땅에서 눈물 흘리는 자들이다

주님이 재림하시는 그날, 신자들은 공중에서 주님을 맞이

한다. 주님은 이 땅의 악한 영과 악한 사람들을 심판하신다. 신자들은 심판에서 제외된 채 그 모습을 지켜본다. 모든 심판을 마치신 주님과 신자들이 대면한다. 주님의 얼굴을 면대면으로 마주한다. 그때 주님이 신자들에게 처음으로 하시는 일이 있다.

> "모든 눈물을 그 눈에서 닦아 주시니 다시는 사망이 없고 애통하는 것이나 곡하는 것이나 아픈 것이 다시 있지 아니하리니 처음 것들이 다 지나갔음이러라"(계 21:4)

재림하신 주님은 신자의 눈물을 닦아주신다. '모든' 눈물을 닦아주신다. 이 땅에서 내가 흘린 모든 눈물을 주님이 다 닦아주신다. 주님은 내 모든 눈물을 아신다. 내가 눈물 흘린 모든 현장, 그 순간에 주님이 다 보고 계셨다. 다 알고 계셨다. 주님은 기어이 다시 오셔서 우리의 눈물을 다 닦아주겠다고 약속하셨다.

신자는 이 땅에서 눈물 흘리는 자들이다. 예수 잘 믿으면 복 받아야 하는 것 아닌가? 형통해야만 하는 것 아닌가? 눈물을 흘리다니, 그것이 과연 가당키나 한가? 신자도 이 땅에서 눈물을 흘린다. 천국에 소망이 있지만, 지옥 같은 이 땅을 살아내야 한다. 삶이 형통하고 아무 문제 없는 인생이 신자가 아니라, 모든 눈물을 닦아주시는 인생이 신자다. 그래서 울어도 된다. 펑펑 울어도 된다. 주님이 눈물을 닦아주신다. 함께 울어주신다.

주님은 이 땅에서 내가 흘린 '모든' 눈물을 아신다. 내가 눈물 흘린 '모든' 순간에 함께하신다. 울어도 괜찮다. 책망하지 않으신다. 다 보시고, 다 아시고, 결국 다 닦아주신다. 그러니 마음껏 울자. 그래야 곁에 계신 주님이 보일 테니. 소망이 없어 눈물 마른 인생이 허다한데, 울 수 있어 다행이고 감사하다.

Anna's Prayer 2

깊은 상처를
극복한 안나

    안나는 주야로 성전에서 금식하며 기도했다. 우리는 그 일을 당연하게 여긴다. 남편 잃고 의지할 것 없으니 하나님을 의지하는 것이 당연하다고 여긴다. 그런데 우리가 놓치는 것이 있다. 안나가 받은 상처를 간과했다. 안나는 남편을 잃었다. 인생에서 겪을 수 있는 가장 큰 고난과 슬픔을 당했다. 감당할 수 없는 고난 앞에서 차라리 "하나님을 욕하고 죽으라"는 욥 아내의 말처럼, 하나님을 욕하고 떠나는 것이 인지상정이었다.

    그런데 안나는 하나님을 떠나지 않았다. 하나님을 만났기 때문이다. 안나는 '오실 메시아'의 약속을 받았다. 그 약속을 붙들고 기도했다. 안나는 약속을 주신 하나님을 만났다. 약속의 하나님을 만난 순간 깊은 상처가 치유되었다. 도저히 해결할 수 없었던 마음의 문제가 풀렸다. 그렇게 하나님을 만나서 안나는 살았다. 살아갈 힘을 얻었다. 살 용기를 냈다.

✷ 기도는 목적을 잃으면 사그라진다

신학대학교에 등록금을 내지 못해 퇴학 처분 되고 나니 군대 영장이 날아왔다. 스물다섯이라는 늦은 나이에 군대에 갔다. 이등병 시절 몸이 좋지 않아 군 병원을 찾았다. 군의관은 허리디스크와 무릎연골 파열이라고 했다. 이 몸으로 왜 군대에 왔냐고 했다. 그렇게 군 병원에 입실했다. 진료와 재활 시간 외에는 자유시간이었다. 시간이 많이 남았다.

군 병원 안에는 교회가 있었다. 드나드는 사람이 없어 기도하기에 안성맞춤이었다. 그렇게 아침 점심 저녁 교회를 찾았다. 매일 세 번씩 예배당에서 기도했다. 군대에 갔는데 오히려 그 어느 때보다 더 많이 기도할 수 있었다. 그곳에서 하나님의 부흥을 경험했다. 사람들이 찾지 않던 예배당이 환우로 가득 차기 시작했다. 예배 시간이면 몇 안 되는 인원이 앉아있던 자리가 꽉 차기까지 했다. 나는 그저 기도만 했는데, 환우를 붙들고 기도하기만 했는데, 하나님은 놀라운 역사를 일으키셨다.

군 병원에서 많은 열매를 맺고 있을 때, 고향집 어머니에게서 연락이 왔다.

"진교야, 네가 오랫동안 기도하던 제목이 응답됐어!"

하나님이 오랜 내 기도 제목에 응답해 주셨다며 어머니가 기뻐서 전화하셨다. 신학교에 입학할 때부터 중보기도 시간마다 늘 나누던 기도 제목이었다. 이 기도만 응답되면 가정의 경제적인 문제가 해결될 수 있었다. 모든 빚을 해결하고 여유롭게 살 기회를 얻을 수 있었다. 그런데 기도 응답이 더뎠다. 입대하기 전 내 두 눈으로 확인했다. 더 이상 물리적으로 이 문제가 풀리지 않을 것을 알았다.

군대에서 기도하며 전도하고 있을 때, 전혀 기대하지 못했을 그때, 하나님은 내 기도에 응답하셨다. 순식간에 우리 집의 경제적인 문제가 해결되었다. 얼마나 감사했는지 모른다. 하나님이 내 기도에 응답해 주셨다는 사실에 뛸 듯이 기뻤다. 우리 집은 수억 원의 빚을 다 갚았다. 살던 컨테이너 박스에서 나와 아파트를 사서 들어갔다. 아버지는 사업한다고 큰 땅과 트럭을 몇 대 구입하셨다.

건강하게 군대를 만기 전역하고, 신학교 3학년에 재입학했다. 집이 안정되니 공부에 집중할 수 있었다. 1등 장학금을 받았다. 학과 학회장도 맡았다. 졸업한 후 신대원에 진학했다. 큰 교회에서 전임사역도 시작했다. 내 인생에서 다시 없을 평안한 때였다.

그런데 문제가 있었다. 내가 전처럼 기도하지 않는다는 것이었다. 큰 기도 제목이 응답되고 삶의 문제가 사라지니 기도할 목적이 사라졌다. 기도 시간이 현저히 줄어버렸다. 물론 다른 사역자들이 하는 만큼 기도했다. 새벽에 기도하고 밤에 기도하고, 금요일마다 철야기도도 했다. 그런데 내 마음에 간절함이 사라졌다. 그래도 상관없었다. 나는 여전히 인정받는 신학생이요 사역자였다. 사역자로서 승승장구의 길을 걸어갔다.

✳ 방해가 크면 은혜도 크다

그즈음 집에 폭풍이 다시 몰아쳤다. 아버지가 또 큰 문제를 일으키셨다. 어머니가 몹시 충격을 받으셨다. 우울증이 점점 깊어지더니 조현병으로 악화되었다. 어머니는 나를 못 알아보셨다. 무엇보다 큰 문제는 시도 때도 없는 자해였다. 더는 두고 볼 수 없어 어머니를 모시고 정신병원에 갔다. 자기를 두고 가지 말라며 울부짖는 어머니를 뒤로하고 나오는데, 마음이 찢어질 듯 아팠다. 며칠 후 알코올중독이 심각해진 아버지도 같은 정신병동에 입원했다. 내게 더 이상 버틸 힘이 없었다. 먼저 교회를 사임했다. 그리고 신대원을 자퇴했다. 그렇게 오랫동안 기도해 받은 응답이 채 몇 년도 가지 못했음이 허망했다.

폐인처럼 지내던 차에 신학교 동기에게서 연락이 왔다. 청소년부 수련회를 하는데 강사로 와달라는 부탁이었다. 내 꼬라지에 무슨 강사인가 싶었지만, 동기의 간곡한 부탁에 가기로 했다. 수련회 장소에 도착하고는 놀랐다. 청소년 수련회라고 해서 갔는데, 건장한 고등학생 태권도 선수들이 앉아있었다. 그제야 내가 아니면 안 된다는 동기의 말을 이해할 수 있었다. 193센티미터의 거구인 내가 가야 아이들을 상대할 수 있을 거라 여긴 것이다.

1시간 30분간 설교하고 기도회를 인도했다. 당시에는 수련회를 가면 기도회 인도를 보통 서너 시간 정도 했다. 그러면 주님이 은혜를 베푸셨다. 회개의 역사가 나타나고, 성령님의 역사가 임했다. 내가 능력이 있어 그런 것이 아니다. 이 세상 그 누구도 하나님의 능력을 끌어 쓸 수 있는 사람은 없다. 다만 하나님의 긍휼과 자비를 간절히 구하니 하나님이 역사하셨다.

그런데 그날은 세 시간을 기도하고 30분이 더 지나도 아무 일이 일어나지 않았다. 회개하는 사람 하나 없었다. 성령님의 역사가 전혀 없었다. 기도를 인도하는 나도 아이들도 모두 녹초가 되었다. 설교부터 기도까지 다섯 시간이 지나가니 내가 죽겠다 싶었다. 도저히 안 되겠다 싶어 마침 기도를 시작했다. 마지막에 "아멘" 하고 끝내려는데, 순간 마음에 하나님의 강한 감동이 임했다.

"30분만 더 기도해라."

다들 녹초가 되었는데, 이제 마침 기도하고 끝나는 줄 알고 있는데 30분을 더 기도하라신다. 아이들은 내가 마침 기도하는 줄 알고 있어서, 더 기도한다고 말할 상황이 아니었다. 잠깐 고민했지만 바로 순종했다. 하나님이 주신 감동이 너무 명확했다. 아이들에게 30분만 더 기도하자고 양해를 구했다. 그렇게 주여 삼창한 후 다시 기도하기 시작했다. 시작하면서도 아무런 기대감이 없었다. 시키시니까 억지로 했을 뿐이다.

그런데 놀라운 일이 일어났다. 시작하자마자 하나님의 은혜가 쏟아졌다. 아이들의 입에서 회개가 터져 나왔다. 건장한 아이들이 눈물 콧물 쏟으며 회개했다. 성령님이 은혜를 부어주시는데, 내 평생 그렇게 강력한 성령님의 역사를 처음 경험했다. 하늘 문을 여시고 은혜를 쏟아부어 주셨다. 그렇게 우리 모두 하나님을 만났다.

그때 나는 한 가지를 깨달았다. 기도하다 보면 어느 날은 기도가 잘 된다. 내 기도가 하늘로 쭉쭉 뻗어나가는 것 같다. 그런데 어느 날은 도저히 기도가 안 된다. 개인기도를 하거나 공동체가 함께 기도하는데, 오늘은 날이 아닌가 보다 싶을 때가 있다. 그럴 때면 우리는 기도를 중단하고 다음을 기약한다.

그런데 태권도 아이들과 함께 기도하다 깨달았다. 수련회 가서 기도회를 인도할 때 하늘이 꽉 막힌 것 같은 순간이 찾아오면, 나는 슬며시 미소 짓는다.

'오늘 날이구나. 하나님이 날 잡으셨구나. 더 큰 은혜 받을 날이구나.'

나는 더 기를 쓰고 기도한다. 간절히 부르짖는다. 그러면 예외가 없다. 하나님의 은혜가 폭포수같이 쏟아진다. 여느 때와 비교되지 않을 큰 은혜가 임한다. 성령님의 강력한 역사가 나타난다. 방해가 심할 때가 바로 은혜받을 때다. 하나님의 은혜가 예비되었기에 영적 방해가 더 심한 것이다. 그 시험을 이기고 끝까지 기도할 때 하나님의 큰 은혜가 임한다.

기도 응답도 마찬가지다. 포기한 기도 제목이 있다. 오랫동안 기도하다가 내려놓은 제목도 있다.

'이거는 안 되는구나. 도저히 안 되는 거구나.'

이것도 마찬가지 원리다. 응답까지 다 온 것이다. 응답이 가까우니 방해가 심한 것이다. 조금만 참고 기도하면 응답된다. 오랫동안 기도한 제목의 성취를 볼 수 있다.

✳ 고난을 통해 다시 기도할 기회를 주신 하나님

기도회를 마치고 아이들에게 받은 은혜를 노트에 기록해보라고 했다. 아이들은 눈물을 닦으며 열심히 노트에 은혜를 적었다. 나는 뒤돌아서 무릎 꿇고 하나님께 감사기도를 드렸다.

'하나님, 감사합니다. 저를 버리신 줄 알았는데, 버리지 않으셔서 감사합니다. 저를 통해 하나님의 역사를 나타내주셔서 감사합니다.'

은혜 베푸신 주님께 감사를 고백하는데, 순간 내 마음에 하나님이 주시는 큰 감동이 있었다. 하나님이 내 마음에 말씀하셨다.

"내가 네게 다시 고난을 허락한 것은, 다시 기도하게 하려 함이다."

눈물이 터져 나왔다. 기도할 목적을 잃어버리고 방황하던 나를 긍휼히 여기시고 포기하지 않으신 하나님께 감사했다. 기도하지 않고 성공을 좇는 길로 달려가던 나를 멈춰 세우셨다. 삯군 목자의 길을 가는 나를 돌이키셨다. 다시 기도할 기회를 주시려 고난을 주셨다는 사실에 감격해서 울었다. 몇 시간을 펑펑 울었다.

✼ 하나님을 만나면 치유된다

그날 집회를 마치고 며칠 후, 부모님이 입원한 병원에 갔다. 담당의사를 만나 보호자로 상담했다. 상담을 마치고 인사하고 나가려는데, 의사가 고개를 갸우뚱하며 팔짱을 낀 채 의자를 살짝 뒤로 빼며 말했다.

"이상하다. 저렇게 멀쩡할 리가 없는데, 분명히 이상이 있을 텐데. 괜찮을 리가 없을 텐데…."

의사가 보기에 내가 너무 멀쩡했던 것이다. 부모님이 두 분 다 정신병동에 입원했는데, 보호자 상담을 통해 내가 얼마나 학대받으며 자랐는지 알기에, 내게도 분명 이상이 있을 거라고 여긴 것이다. 그런데 너무 멀쩡하니 의사가 놀라 그럴 리 없다며 신기하게 바라본 것이다. 나는 그 이유를 안다. 하나님을 만났기 때문이다. 태권도 아이들과 기도하며 하나님을 만난 순간, 내 마음에 고통과 상처가 눈 녹듯 사라졌다.

우리는 욥기의 해피엔딩을 잘 알고 있다. 가족과 재산과 건강을 잃고 절망에 빠졌던 욥이, 다시 자녀를 낳고 재산을 회복하는 이야기를 잘 안다. 그런데 우리가 한 가지 착각하는 것이 있다. 욥의 상한 마음이 회복된 시점을 잘못 알고 있다. 욥의 환경이 회복되고 나서야 욥의 마음이 회복되었다고 여긴다. 욥기를 자세히 읽어보면 욥이 회복된 순간은 그때가 아니다. 환경이 회복되기 전이었다. 폭풍우 속에 나타난 하나님을 만난 순간 욥의 마음이 회복되었다. 하나님이 욥에게 나타나 위로의 말씀을 주신 것도 아니다. 오히려 하나님은 "무지한 말로 이치를 가리는 자가 누구냐"(욥 38:2)고 물으셨다.

그런데 하나님을 만난 순간 욥이 회복되었다. 고난으로 인해 자신의 태어난 날을 저주하고 원망의 말을 쏟아냈던 욥이, 하나님 앞에 다시 마음을 겸비하였다.

> "내가 스스로 거두어들이고 티끌과 재 가운데에서 회개하나이다"(욥 42:6)

우리는 마음이 병든 시대를 살아가고 있다. 마음이 아파 약을 찾는 이들이 점점 많아진다. 당연히 약을 먹어야 한다. 감기에 걸리면 약을 먹듯, 마음에 감기가 걸리면 약을 먹어야 한다. 다만 약으로 안 되는 것이 있다면, 의사로 치료가 안 되는 것이 있다면 기도가 필요하다. 사람이 해결할 수 없는 일은 하나님이 해결해 주시기 때문이다. 누구도 치유하지 못한 상한 심령을 주께서 친히 치유하신다.

✳ 응답이 빠른 기도

 그날 이후로 다시 기도를 회복했다. 간절함도 회복했다. 매일 세 시간씩 기도했다. 문제 해결을 위해 기도하기도 했지만, 그것이 첫 번째 목적은 아니었다. 내 뜻이 아니라 하나님의 뜻이 첫 번째 기도 제목이요 목적이 되었다. 하나님의 뜻을 먼저 구하다 보니 기도할 제목이 훨씬 많아졌다. 자연스레 기도의 시간도 늘었다.

 내 뜻을 놓고 기도하면 응답이 돼도 문제고 안 돼도 문제다. 내 뜻이 이루어지면 기도할 목적이 사라진다. 전처럼 기도하지 않는다. 반면, 내 뜻이 이루어지지 않으면 상심하여 기도의 자리를 떠난다. 하나님께 서운한 마음에 교회를 떠나기까지 한다. 결국 내 뜻만을 구하는 기도는 결말이 좋지 않다.

그러나 하나님의 뜻을 구하는 기도는 다르다. 일단 응답이 빠르다. 하나님이 원하시는 일이기에 하나님이 반드시 응답해 주신다. 그리고 내 기도를 통해 일하시는 하나님을 가장 가까이서 본다. 이전에는 내 기도 제목이 응답되어야만 하나님의 살아 계심을 경험했는데, 이제는 하나님의 뜻이 이루어지는 것을 눈앞에서 자주 보니, 하나님의 살아 계심을 경험하고 고백한다.

우리 모두 한 번쯤은 큰 기도 제목이 응답된 경험이 있을 것이다. 하나님이 아니고서는 도저히 설명할 수 없는 기적을 경험했을 것이다. 그때의 감격은 이루 말할 수 없다. 내 문제를 해결해 주시고 살려주신 하나님께 기뻐 뛰며 감사한다. 그런데 가만히 생각해 보면, 그때 내 마음을 더욱 기쁘게 하는 것이 있다. 내 마음을 더욱 들뜨게 하는 것은 바로 하나님의 일하심을 가장 가까이서 본다는 것이다. 하나님의 역사를 내 눈앞에서 보는 것이다.

'우와, 하나님 진짜였네, 정말 살아 계시네!'

하나님의 역사하심을 본 감격으로 충만하다. 그것이 우리를 더욱 기쁘게 한다. 여기에 기도의 본질이 있다. 성도가 기도를 통해 누리는 가장 큰 유익은 기도 응답, 문제 해결이 아니다. 하나님의 살아 계심을 가장 가까이서 본다는 것이다. 그래서 주의 뜻을 먼저 구해야 한다. 그것이 지혜로운 일이다. 나를 가장 기쁘게 하고 설레게 하는 하나님을 가장 가까이서 자주 만나는 복을 누릴 수 있다.

"너희는 먼저 그의 나라와 그의 의를 구하라 그리하면 이 모든 것을 너희에게 더하시리라"(마 6:33). 신자라면 누구나 아는 말씀이다. 두 문장으로 된 말씀 중 우리는 후자에 집중한다. '이 모든 것'을 얻으려 '그의 나라와 의'를 구한다. 궁극적으로 내 소원을 이루려 하나님의 뜻에 순종하려 한다. 내 뜻을 이루려 하나님의 뜻을 도구로 사용한다. 그렇게 하나님의 뜻을 구하는 삶을 살면서 내 소원이 응답될 날을 기다린다. 참고 견디지만 오래 가지 못한다. 내 뜻이 이루어지지 않으니 하나님의 뜻을 내려놓는다.

그런데 우리가 '그의 나라와 그의 의'를 구하는 삶에 전심전력한다면 '이 모든 것'이 이루어지지 않아도 괜찮다. 그리 아니하실지라도 괜찮다. 하나님이 나와 함께하시기 때문이다. 하나님이 나와 같이 계시기 때문이다. 그래서 괜찮다. 그런데 좋으신 우리 하나님은 내 문제를 내버려두지 않으신다. 바꿔주신다. 응답해 주신다.

✳︎ 다 끝났다고 생각할 때 길을 내시는 주님

요셉은 애굽에 노예로 팔려갔지만, 하나님이 늘 동행해 주셨다. 요셉이 보디발의 집에 팔려가 노예생활을 할 때, 하나님은 요셉이 하는 일 가운데 복을 주셨다. 이를 본 보디발이 요셉을 자기 집 총무로 삼아 재산 관리를 맡겼다. 요셉 입장에서는 비록 노예지만 그래도 하나님이 위로하시고 회복해 주셨다고 생각할 만했다. 고난이 끝나는 것 같아 보였다.

그러나 그 기대는 오래 가지 못했다. 보디발의 아내가 동침하자며 요셉을 유혹했다. 요셉은 하나님 앞에서 절대 그럴 수 없다며 거절했다. 자존심이 상한 보디발의 아내는 요셉이 자신을 성폭행하려 했다며 모함했다. 결국 요셉은 보디발의 집에 있는 감옥에 갇히게 되었다. 요셉이 잠시나마 품은 삶에 대한 새로운 희망이 사그라지는 순간이었다.

그런데 사실 이 일은 하나님의 섭리였다. 보디발의 입장에서는, 노예가 자기 아내를 탐하려 했다면 죽여 마땅하지만, 보디발은 요셉을 죽이지 않고 감옥에 가두었다. 당시 보디발의 집에 있던 감옥은 일반 시민이 아니라 애굽의 관리나 귀족이 갇히는 곳이었다. 요셉이 그곳에 갇혔기에, 애굽 왕 바로의 최측근 신하들을 만나 꿈을 해석해 줌으로, 훗날 바로의 꿈도 해석해 줄 수 있는 기회를 얻은 것이다.

결국 감옥에 들어간 요셉은 얼마 안 있어 간수장에게 인정받고, 감옥의 모든 사무를 담당하게 되었다. 하나님이 감옥에서도 인정받게 하신 것이다. 그러나 제아무리 사람에게 인정받는다 할지라도 노예는 노예고 감옥에 갇힌 죄인일 뿐이었다. 누구보다 하나님의 동행하심을 경험하고 하나님을 의지하는 요셉이었지만, 감옥은 그에게도 힘든 곳이었다.

바로의 곁에서 술을 따르던 술관원장이 보디발의 감옥에 투옥되었다. 하루는 그가 꿈을 꾸었다. 도대체 무슨 꿈인지 해석이 안 되었다. 그런데 요셉이 꿈을 해석해 주었다. 그가 복직할 거라고 했다. 이어서 요셉은 관리에게 한 가지를 부탁했다.

> "당신이 잘 되시거든 나를 생각하고 내게 은혜를 베풀어서 내 사정을 바로에게 아뢰어 이 집에서 나를 건져 주소서 나는 히브리 땅에서 끌려온 자요 여기서도 옥에 갇힐 일은 행하지 아니하였나이다"(창 40:14-15)

우리는 믿음의 사람 요셉이라면 감옥생활 몇 년 정도는 쉬울 거라고 생각한다. 그러나 요셉도 우리 같은 사람이다. 감옥에서 나오고 싶었다. 그래서 술관원장에게 부탁했다. 자기의 억울함을 왕께 알려달라고 간청했다. 하루라도 빨리 지긋지긋한 감옥에서 벗어나 아버지 야곱을 만나러 가고 싶었다.

결국 요셉의 해석대로 술관원장은 풀려나 바로의 곁으로 돌아갔다. 요셉은 복직된 술관원장이 자기의 억울함을 풀어주리라 기대했다. 그러나 요셉의 바람은 이루어지지 않았다. 술관원장은 요셉을 새까맣게 잊고 살았다. 요셉의 억울함을 신원해 주지 않았다. 요셉의 기대는 산산조각났다. 이제 됐다고 오래 참았다고, 이제는 하나님이 일으켜주실 거라 믿었던 기대가 무너졌다. 그렇게 2년의 세월이 흘렀다.

이제 다 되었다고 여길 때 우리는 넘어지기 쉽다. 기대가 큰 만큼 실망도 크기 때문이다. 내가 그랬다. 내가 하나님의 일을 하니, 하나님이 내 문제를 해결해 주실 거라 믿었다. 누구보다 열심히 기도하고, 말씀 읽고, 복음 전하는 삶을 살았다. 이정도 했으면 하나님이 가정을 위한 내 기도에 응답해 주실 거라 생각했다. 그런데 도통 기미가 보이지 않았다.

예전에 치열하게 기도하고 훈련받으며 비전트립을 준비했었다. 출발 일주일 전부터는 합숙하면서 하루 종일 기도했다. 선교지에서 현지인에게 복음을 전할 때 정말 많은 사람이 하나님께 돌아오는 역사가 일어났다. 그렇게 멋지게 사역하고 귀국했다. 기쁜 마음으로 집에 돌아왔다. 당연히 변화되었을 거라는 생각에 현관문을 열고 들어갔다.

그런데 우리 가정은 변하지 않았다. 집안은 여전히 술병으로 가득했다. 순간 마음이 무너져 내렸다. 내 헌신에 응답해 주지 않은 하나님을 원망했다. 하나님의 뜻이 무엇인지, 내가 더 이상 무엇을 할 수 있을지 도무지 모르겠는 지경에 이르렀다. 나는 모든 것을 놓아버렸다. 하나님을 위해 뭔가 할 힘 따위는 남아 있지 않았다.

그런데 그때부터 하나님의 섭리가 적극적으로 역사하기 시작했다. 내가 아무것도 할 수 없다고 여길 때, 하나님이 내 삶에 더 극적으로 개입하셨다. 요셉이 할 수 있는 모든 것을 다해도 되지 않는 그런 절망적인 상황에서, 전혀 예상치도 못한 일이 2년이나 지나서야 일어난 것이다. 요셉은 자기가 꿈을 해석해 준 신하의 추천을 받아 바로의 꿈을 해석해 주었고, 마침내 애굽의 총리가 되었다. 노예, 감옥의 죄수에서 순식간에 인생이 역전된 것이다.

※ 기도는 하나님 마음이 아닌 내 마음을 움직이는 것

여러 가지로 힘든 일이 겹친 늦은 밤, 기도했다. 하나님의 긍휼을 구했다. 고난에서 건져주시길 기도했다. 하나님의 마음을 돌이켜주시길 간구했다. 그러다 문득 내 마음에 하나님의 선하심과 인자하심이 다가왔다.

하나님이 마음을 돌이키시지 않거나 당장 조급한 문제를 해결해 주시지 않아도 괜찮다는 감동이 일었다. 하나님이 다 보고 듣고 알고 계시다는 믿음이 나를 감싸안았다. 그래서 괜찮아졌다. 하나님의 마음을 돌이키려고 시작한 기도는 결국 내 마음을 돌이켰다. 환경은 그대로지만 마음이 변하여 살았다. 그때 마음에 감동이 임했다.

'기도는 하나님 마음이 아닌 내 마음을 움직이는 것이다.'

참된 회복은 환경이 아닌 마음에 있음을 본다. 긍정론, 마인드컨트롤이 아닌 내 삶에 이미 수없이 역사하신 하나님의 임재가 마음을 지킨다. 죽지 않는다. 살 수 있다. 살려주신다. 내 마음과 인생을 붙드시는 하나님이 계셔서 참 다행이다.

✷ 불면증을 이기는 기도

잠이 안 오는 날이 있다. 깊은 상심이 마음에 찾아온다. 무거운 근심으로 억눌린다. 도통 잠을 이루기 어렵다. 생각이 머리에서 끊이지 않는다. 그때마다 기도했다. 지쳐서 잠이 들 때까지 기도했다. 기도해야만 잠들 수 있었다.

어느 날 또 잠이 안 왔다. 다시 기도했다. 기도를 마치고 다시 잠들기 전, 그날의 마음을 기록했다.

세상 근심에 잠이 안 오면 기도한다.
나 혼자 지고 간다고 여겼는데,
함께하시고 내 짐 대신 지시는 주님 때문에 가벼워진다.

말문이 막혀 잠이 안 오면 기도한다.
내가 비록 말을 못할지라도,
하나님이 내 마음의 부르짖음을 다 들어주시니 후련해진다.

관계가 깨져 잠이 안 오면 기도한다.
어떤 사람보다 나를 사랑하시는
하나님을 다시 만나니 괜찮아진다.

억울해 잠이 안 오면 기도한다.
처음부터 다 지켜보시고 다 아시는 하나님이 믿어지니
체증이 내려간다.

새벽에 깨서 잠이 안 오면 기도한다.
지금 당장 기도가 필요한 사람이 있어서
하나님이 깨우셨으니 기도하면 잠이 온다.

배가 고파 잠이 안 오면 기도한다.
배가 아니라 마음이 고파 깬 내 마음을
주께서 부르게 하시니 편안히 잠이 든다.

잠자리를 뒤척이던 그 순간들이 내게는 가장 좋은 기회였다. 하나님을 만날 절호의 기회였다. 하나님 앞에만 나오면 된다. 하나님 앞에 내 얼굴을 비춰드리면 된다. 말이 없어도 상관없다. 내 마음에 귀 기울여주셨다. 상한 심령을 기꺼이 받아주셨다. 그래서 참 다행이다. 마음을 감찰하시는 하나님이 함께여서 참 다행이다.

✳︎ 기도 자체가 나를 살린다

감당할 수 없는 고난이 찾아올 때가 있다. 당장 죽을 것 같았다. 그런데 경험상 당장 죽지 않았다. 고난을 잘 지나가려면 지금 당장 사람 만나는 것을 줄여야 한다. 특히 저녁에 만남을 자제해야 한다. 기도하고 일찍 자야 한다. 그래야 새벽에 일어나 기도할 수 있다. 기도에 전심전력할 삶으로 사이클을 바꾸는 것이 최우선이다. 결국 담판 지을 이는 사람이 아니라 하나님이다. 지금의 고난에서 건져줄 이가 하나님밖에 없기 때문이다.

기도가 나오지 않고 기도할 힘조차 없어도 괜찮다. 그냥 입 꾹 다물고 하나님 앞에 앉아만 있어도 된다. 내 상한 심령을 이미 다 아신다. 아무 말 못해도, 기도실에서 지쳐 쓰러져 잔다 해도 괜찮다. 기도는 하나님과의 거래가 아니라 교제다. 내가 형통할 때만 교제할 수 있는 게 아니다. 힘들 때도 하나님과 교제할 수 있다. 하소연하며 원망을 쏟아내도 상관없다. 하나님은 절대 내 말을 중간에 끊지 않으신다. 끝까지 다 들어주신다. 어떻게 아냐 하면 하나님께 다 쏟아내 보면 안다.

'들으시는구나, 여전히 함께하시는구나, 날 버리지 않으셨구나.'

고난의 유일한 이익은 기도다. 고난당해 살려고 기도했는데, 문제를 해결하려고 기도했는데, 기도 자체가 나를 살린다. 기도할 때 평안이 임한다. 삶은 여전히 폭풍우로 요동치는데, 기도하는 순간은 잔잔하다. 하나님과의 교제가 깊어지기 때문이다. 하나님과 깊어질수록 한 가지 깨닫는 게 있다. 사람과의 교제가 아무리 좋다 해도 하나님과의 교제에 비할 수 없다는 것이다. 하나님과 교제할 때가 가장 행복하다. 평안하고 즐겁고 뿌듯하다. 그러니 기도의 자리로 피해야 한다. 고난은 늘 그랬듯 지나갈 것이고, 하나님과의 깊어진 관계만 남을 것이다. 하나님이 이기신다.

✳ 갈급함, 하나님의 신호

갈급함은 하나님의 신호다. 내게로 오라는 하나님의 손짓이다. 갈급함을 무시하고 살다 보면 점차 무뎌진다. 마음의 갈증도 체감하지 못할 지경에 이른다. 공허함을 자연스러운 듯 끌어안고 산다. 눈 깜박한 것 같은데 몇 년의 세월이 흐른다. 이미 꼬일 대로 꼬여버린 인생에 절망한다.

멍한 눈으로 길을 걸었다. 목적지도 없이 하염없이 걷고 또 걸었다. 해가 지고 스산한 바람이 불었다. 가로등이 곧 꺼질 것처럼 위태로워 보였다. 마치 나 같았다. 스산한 기운에 이끌려 땅으로 꺼져들 것 같았다.

그때 어디선가 노랫소리가 들렸다. 귀에 익숙한 멜로디,

분명 찬송가였다. 저 멀리 희미한 빛이 보였다. 붉은 네온사인의 십자가였다. 네온사인의 붉은빛이 피 같았다. 나로 인해 흘리신 피로 피칠갑 된 십자가처럼 보였다. 두 눈에 또르르 눈물이 흘렀다.

그 아래 불이 켜진 교회의 통창으로 예배하는 사람들이 보였다. 갑자기 심장이 쿵쾅거렸다. 오랫동안 잊고 살던 감각이 심장을 찔렀다. 갈급함이 밀려왔다. 그 어느 때보다 내 마음을 강하게 두드렸다. 하나님의 신호였다. 이리 오라는 손짓이었다.

하염없이 눈물이 흘렀다. 다시는 기회가 없을 거라 여겼는데, 나 같은 건 이미 잊으셨으리라 믿었는데, 여전히 나를 기다리고 계셨다. 더 이상 주저함은 없었다. 오래 돌고 돌아 깨달았기 때문이다. 그렇게 주님의 손을 잡은 채 예배당으로 향했다. 다시 목마르던 날로 되돌아가지 않을 것이다.

나를 살린
기도 나눔

    안나는 사랑하는 사람을 잃는 가장 큰 고통과 상실을 경험했다. 좌절하고 절망하고 넘어질 수밖에 없었다. 그러나 사람 앞에 넘어지지 않았다. 하나님 앞에 넘어졌다. 그런 안나를 하나님이 찾아오셨다. 하나님은 안나의 눈물을 다 보시고 다 받아주셨다. 하나님을 만난 안나는 살았다. 죽지 않고 살아서 하나님이 행하신 일을 기어이 보았다.

    고난 없는 인생은 없다. 누구나 고난을 지나간다. 안나는 그 고난을 하나님과 함께 지나갔다. 기도로 하나님과 동행했다.

1. 신앙생활을 하다 보면 예측하지 못하거나 감당하지 못할 고난 앞에 무너질 때가 있다. 가장 절망의 순간에 찾아오신 하나님을 만난 경험을 함께 나누어보자.

2. 극심한 고난 가운데 기도하다 보면 눈물이 절로 난다. 그렇게 한바탕 울고 나면 마음이 평안해진다. 나를 치유한 눈물의 기도 이야기를 함께 나누어보자.

3. 오랜 기도가 응답되면 문제 해결도 기쁘지만 살아계신 하나님을 목도하는 기쁨이 더 크다. 기도를 통해 내 삶에 역사하신 하나님을 함께 나누어보자.

Life-Giving Prayer

2부

홀로,
기도의 자리를 지키다

Anna's Prayer 3

주야로 금식하며 기도한 안나

안나는 주야로 금식하며 기도했다. 도저히 기도할 수 없는 환경이었다. 기도할 수 없는데 안나는 기도했다. 안나는 새 남편을 달라고 기도하지 않았다. 환난에서 건져달라고 기도하지 않았다. 금식하며 한 가지 제목을 놓고 기도했다. 오실 메시아의 약속을 붙들고 기도했다. 약속의 성취를 이루어주시길 기도했다. 주께서 속히 오셔서 죄로 인해 죽을 인류를 구원해 달라고 주야로 밥을 굶어가며 간구했다.

안나가 평생 주야로 기도할 수 있었던 이유는 문제가 해결되거나 기도가 응답되었기 때문이 아니다. 주야로 금식하며 기도했지만 안나는 여전히 과부였다. 안나에게는 문제 해결이 응답이 아니었다. 기도 자체가 응답이었다. 기도하는 시간이 곧 하나님의 응답이었다. 기도 시간이 숨 쉬는 시간이었다. 하나님과 함께 호흡하는 시간이었다. 그래서 기도했다. 숨 쉬려고 기도했다. 기도 자체가 안나를 살렸다.

✢ 하나님 아버지를 사랑해서 기도하신 예수님

예수님은 기도하기를 좋아하셨다. 새벽에 기도하셨고 밤이 새도록 기도하셨다. 습관에 따라 기도하셨다. 어떤 어려움이 닥쳐도 기도의 자리로 나아가셨다. 십자가 죽음을 눈앞에 두고도 기도하셨다. 간이 저릴 정도로 간절히 기도하셨다. 자기 뜻이 아니라 아버지의 뜻을 구하셨다. 심지어는 십자가 위에서도 기도하셨다. 십자가에 달리자마자 죄인을 위한 용서의 기도를 하셨다.

가만히 생각해 보면 예수님은 기도하지 않아도 되었다. 하나님이시기 때문이다. 모든 만물의 주인이요 주관자시다. 모든 것이 하나님의 것이다. 어떤 결핍도 없으시다. 원하는 것이 있으면 스스로 준비할 수 있으셨다. 자신의 능력으로 모든 문제를 해결할 수 있으셨다. 그런데 예수님은 기도하셨다. 아무런 필요가 없는데 기도하셨다. 그 누구보다 자주 오랫동안 기도의 자리를 지키셨다.

예수님이 기도하신 이유는 단 하나다. 하나님 아버지를 사랑했기 때문이다. 하나님 아버지와 기도 가운데 교제하셨다. 그래서 기도를 좋아하셨다. 영원 전부터 하나님 아버지와 누리던 사랑의 교제를 기도하심으로 날마다 누리셨다. 사랑하는 아버지와 함께 있는 시간을 사랑하셨다. 그래서 예수님은 늘 기도하셨다. 틈만 나면 기도의 자리로 나아가셨다. 사랑하는 아버지와 함께하는 기도 시간을 기뻐하셨다.

예수님은 기도를 수단으로 삼지 않고 목적으로 삼으셨다. 우리처럼 기도로 뭔가를 얻어내려 하시지 않았다. 기도로 얻을 거 다 얻었다고 뒤돌아서지 않으셨다. 기도 자체가 목적이었다. 기도 자체가 즐거움이었다. 그래서 예수님은 항상 기도하실 수 있었다.

✣ 예수님을 믿는데 기도하기 싫은 이유

아침에 일어나서 기도로 하루를 시작하기가 쉽지 않다. 눈 뜨자마자 헬스장에 가고 러닝하러 나가지만, 좀처럼 앉아서 기도하지는 않는다. 힘이 드는 일도 아닌데, 앉아서 눈 감고 읊조리기만 하면 되는데, 그 쉬운 일을 기피한다. 지금 비신자의 삶을 말하는 것이 아니다. 엄연한 그리스도인의 삶을 말하고 있다. 매주 주일이면 교회에 나가 예배드리고 봉사에 힘쓰는 그리스도인들의 현실을 이야기하고 있다. 신자가 기도하지 않는 이유는 간단하다. 죄악 된 본성 때문이다. 우리의 타고난 본성이 기도하기를 격하게 거스르기 때문이다.

태초에 하나님이 사람을 지으셨다. 사람에게 선악을 알게 하는 나무의 열매를 먹지 말라고 말씀하셨다. 먹으면 죽는다고 하셨다. 그런데 사람이 선악과를 따먹었다. 이유는 하나였다. 하나님이 되고 싶었다. 뱀이 와서 사람을 유혹했다.

"선악을 알게 하는 나무의 열매를 먹으면 하나님처럼 된다."

그 말을 듣는 순간, 사람에게 선악과가 다르게 보이기 시작했다. 보암직도 하고 먹음직도 하고, 무엇보다 지혜롭게 할 만큼 탐스러워 보였다. 결국 사람은 선악과를 따먹었다. 이유는 오직 하나, 하나님이 되고 싶었다. 사람은 더 이상 하나님이 필요 없다고 선언했다. '내가 하나님이 되겠다'며 선악과를 따먹었다. 하나님 앞에서 하나님 노릇하고, 사람 앞에서도 하나님 노릇이 하고 싶었다. 하나님이 사람을 버린 것이 아니다. 사람이 하나님을 버렸다.

그 후로 모든 사람은 하나님이 되고자 하는 본성을 타고 났다. 하나님의 뜻이 아니라 자기의 뜻을 선호했다. 옳고 그름으로 판단하지 않고, 좋고 싫음으로 판단했다. 옳지 않더라도 자기에게 좋으면 선으로 여겼다. 옳은 일이라도 자기가 싫으면 악으로 여겼다. 자기가 원하는 일을 추구했다. 자기가 하나님이 되어 가치 판단을 했다. 옳고 그름이 기호에 따라 수시로 바뀌는 일이 반복되었다.

그러니 기도가 비집고 들어갈 자리가 있을 리 만무하다. 내가 하나님 노릇해야 하는데 기도해야 한다니 어불성설이다. 기도 자체가 하나님의 하나님 되심을 인정하는 행위이기 때문이다. 하나님의 뜻을 구한다는 것은 내 뜻을 내려놓음을 전제로 하는데, 죄 된 본성을 정면으로 거스르는 일이다. 기도하기 싫은 죄 된 본성과 기도하고 싶은 소원은 끊임없이 충돌한다.

내가 하나님 노릇해서 내 가족이 행복한가? 내가 하나님 노릇해서 내가 사랑하는 사람들이 행복한가? 내가 하나님 노릇해서 나 자신이 행복한가? 그러면 기도하지 않아도 된다. 하던 대로 하나님 노릇하면 된다. 그런데 내가 하나님 노릇해서 내 가족을 아프게 했다면, 내가 사랑하는 사람들에게 상처를 주었다면, 무엇보다 나 자신이 불행하다면 우리는 기도해야 한다. 내 마음의 자리를 하나님께 내어드려야 한다. 더 이상은 내 삶의 주인이 내가 아닌 하나님이 되어야 한다. 기도로 지난날의 삶을 돌이켜야 한다.

하나님을 하나님으로 인정할 때, 우리의 꼬이고 꼬인 인생을 바로잡을 수 있다. 사람의 힘으로 절대 풀 수 없는 문제를 풀어주시는 하나님을 만날 수 있다. 그래서 우리는 기도해야 한다. 기도는 곧 하나님의 주인 되심을 인정하는 행위이기 때문이다. 자기의 죄 된 본성을 역행하여 기도의 자리를 지킬 때, 하나님이 우리 삶을 통치하신다. 내 삶을 통해 하나님의 뜻을 펼치신다.

✴ 기도하기를 쉬는 게 왜 죄인가

사무엘은 백성에게 "기도하기를 쉬는 죄를 여호와 앞에 범하지 아니하리라"(삼상 12:23)고 말했다. 기도하기를 쉬는 것이 죄라고 했다. 왜 그랬을까? 초신자일 때는 기도하지 않는 게 죄라는 말을 납득하기 어려웠다. 기도만 안 했을 뿐인데 죄라니 도통 납득할 수 없었다. 매우 가혹한 말이었다. 사람을 옥죄는 말처럼 다가왔다. 이해하기도 받아들이기도 어려웠다. 그런데 세월이 흐르면서 알았다. 기도하기를 쉬는 것은 죄가 맞다.

기도하기를 쉬는 것은 자기의 죄악 된 본성을 따르는 일이다. 스스로 하나님이 되고 싶어하는 타고난 죄성에 순응하는 것이다. 죄와 타협하는 것이다. 우리의 죄 된 본성과 싸우지 않기에 기도하기를 쉬는 것이다. 기도하기를 쉬어서 죄가 아니라, 죄를 그대로 두니 기도를 쉬게 되는 것이다. 죄성을 방치하니 기도를 외면하는 것이다.

기도하기를 쉬는 것이 죄인 이유는 죄를 짓기 때문이다. 기도를 쉰 결과 죄가 나타난다. 죄를 향해 끌려가는 본성을 통제할 방법이 없다. 죄에 끌려다닐 수밖에 없다. 끊임없이 내 안에 들끓는 죄의 유혹을 이길 수 없다. 죄를 대적할 힘을 얻을 수 없다. 기도만이 죄를 지으려는 본성을 통제할 수 있다. 죄와 싸울 유일한 무기는 기도다. 기도밖에는 방법이 없다. 기도해야만 죄를 자각하고 싸우고 멀리하고 도망칠 수 있다.

✸ 죄와 싸워 이기는 기도

십자가 고난을 눈앞에 두신 예수님은 겟세마네에서 기도하셨다. 땀방울이 핏방울이 될 정도로 간절히 기도하셨다. 히

브리서에 보면 이때 주님은 눈물과 통곡으로 기도하셨다고 한다. 주님은 울면서 기도하셨다. 세 번 기도하셨는데, 기도의 제목은 하나였다.

"이 잔을 내게서 옮기시옵소서"(눅 22:42)

주님은 십자가 지는 것을 피할 수만 있다면 피하게 해달라고 기도하셨다. 예수님은 공생애 기간 동안 단 한 번도 자기의 필요를 위해 기도하신 적이 없다. 예수님은 자신에게 필요한 것을 놓고 기도한 적이 단 한 번도 없었는데, 처음이자 마지막으로 겟세마네 동산에서 "이 잔을 내게서 옮기시옵소서"라고 기도하신 것이다. 예수님께 십자가는 고통스러운 것이었다. 무거운 것이었다. 육체적인 고통, 십자가에 못 박혀 피 흘려 죽는 고통, 그 고통은 몹시 힘들고 고통스러웠다. 그러나 예수님께는 그보다 더 큰 고통이 있었다. 십자가에 달리시는 순간 모든 인간의 죄가 예수님께 전가된다. 죄 없으신 예수님이 죄인이 되는 그 순간, 예수님은 하나님 아버지와 분리될 것을 아셨다. 영원 전부터, 창세 전부터 아버지와 충만한 교제를 누리던 예수님은 우리 죄 때문에 아버지와의 관계, 그 풍성한 교제가 단절될 것을 염려하셨다.

우리는 날마다 죄의 유혹을 받는다. 각자의 방식으로 죄와 싸운다. 어떤 사람은 지옥 가는 것이 두려워 죄를 짓지 않으려 한다. 벌 받는 것이 두려워 죄를 멀리하려 한다. 그러나 삶이 지옥 같으니 죄를 짓는다. 살아도 지옥 죽어도 지옥이니 그냥 죄를 짓고 만다. 또 어떤 사람은 다른 사람의 시선이 두려워 죄를 짓지 않으려고 한다. 다른 사람 눈치 보느라 죄를 짓지 않으려 애쓴다. 그런데 다른 사람의 시선이 사라지는 순간 죄를 짓는다. 혼자 있을 때 죄에 넘어진다.

개인적으로 내가 죄와 싸우는 노하우가 있다. 가장 기본은 이것이다. 나는 알고 있다. 내가 죄를 짓는 순간 하나님과의 충만한 교제가 단절될 것을, 공허함이 밀려올 것을, 죄책감이 나를 파도처럼 집어삼킬 것을 안다. 그래서 죄짓지 않으려고 한다. 그게 너무 힘들다. 공허함과 갈급함이 너무 힘들다.

우리가 죄를 지으려는 순간은 공허할 때다. 초조함을 견디지 못하고 죄를 들이킨다. 그런데 우리는 경험적으로 아주 잘 알고 있다. 바닷물을 마시는 것처럼 갈증만 더하다. 죄가 우리에게 유혹으로 작동하는 순간은 마음이 고플 때다.

갈증 그대로 주님께 나아갈 때, 주님의 생수를 기다릴 때, 우리 마음의 공허함이 채워진다. 이것이 습관이 되면, 죄로 내 갈급함을 채우지 않고 주님의 은혜로 갈급함을 해소한다. 주님과의 충만한 교제가 내 삶에서 지속된다. 마음의 공허함이 채워지면 죄는 더 이상 내게 유혹으로 작용하지 못한다. 마음이 고플 때는 죄가 나를 현혹했지만, 하나님의 은혜로 채워진 마음은 죄를 이길 수 있다. 죄에 넘어지지 않을 수 있다.

✦ 기도하지 않는 세대, 기도가 갈급한 세대

오늘날을 기도하지 않는 시대라고 한다. 교회의 새벽기도회나 금요기도회도 예전 같지 않다. 기도원을 찾는 사람도 많이 줄었다. 북적거리던 기도원의 모습은 옛말이 된 지 오래다. 기도원도 많이 문을 닫았다. 기도하는 사람이 줄었으니 기도의 자리를 줄였다. 그것이 당연해 보였다.

그런데 가만히 생각해 보니 오히려 그 반대라는 것을 알았다. 기도하는 사람이 줄었다는 말은 곧 기도에 갈급한 사람이 많아졌다는 의미다. 기도 외에는 마음의 갈급함을 채울 길이 없기 때문이다. 갈급함을 끌어안고 도처에 신음하는 영혼이 부지기수다. 갈급한 심령으로 기도할 자리를 찾는 사람이 많아질 것은 자명하다. 그런데 기도할 곳이 많이 사라졌다.

한 개척교회가 있었다. 가족 외에는 성도가 없었다. 목사님은 매일 오전 예배당에서 기도했다. 그 모습을 유튜브 라이브로 송출했다. 기도 인도는 없었다. 개인기도하는 모습을 매일 비추었다. 그런데 놀라운 일이 일어났다. 교회에 사람들이 찾아오기 시작했다. 유튜브에서 기도하는 목사님을 보고는 덩달아 기도하고 싶어 찾아온 것이다. 목사님의 뒤에 앉아 기도하는 사람이 하나둘 늘어나기 시작했다. 함께 기도할 때 함께 하시는 하나님을 만난다.

✤ 하나님의 생기가 없으면 살 수 없는 사람

하나님이 사람을 창조하실 때, 앞선 창조와 사뭇 달랐다. 먼저 삼위 하나님이 모여 의논하셨다.

> "우리의 형상을 따라 우리의 모양대로 우리가 사람을 만들고"(창 1:26)

그러고는 손수 흙으로 사람을 빚으셨다. 사람의 모양이 완성되었다. 그런데 아직 끝이 아니었다. 하나님은 사람의 코에 생기를 불어넣으셨다. 하나님의 생기가 코에 들어가자 사람은 그제야 생령이 되었다. 영혼을 지닌 생명 있는 존재가 된 것이다.

사람은 처음부터 하나님의 생기로 지어졌다. 하나님의 숨이 없이는 살 수 없는 존재로 지음받았다. 하나님이 함께하시지 않으면 숨을 쉴 수 없는 존재다. 답답함과 갈급함을 느낄 수밖에 없다. 하나님의 생기가 우리 안에 돌 때만이 비로소 숨을 쉴 수 있다.

기도는 하나님 안에서 숨 쉬는 시간이다. 하나님과 함께 호흡하는 시간이다. 기도만이 내면의 갈급함을 해소할 유일한 방법이다. 기도할 때 하나님의 생기가 내 안에 돌기 시작한다. 하나님의 숨이 내 가슴을 채워간다. 시원한 숨을 깊이 들이마실 수 있고, 영혼의 목마름이 해소된다. 영혼의 만족함을 경험한다.

✻ 빈 들의 신앙

구약의 선지자들이 예언한 세례 요한이 태어났다. 그리스도의 오심을 예언하는 자로서, 광야에서 외치는 자의 소리로서 예언된 세례 요한이 사가랴와 엘리사벳의 집에 태어났다. 불임으로 오랫동안 고생했던 사가랴와 엘리사벳이 그토록 갈망하던 아기를 얻었다. 천사가 사가랴에게 자녀의 탄생을 예언할 때 사가랴는 믿지 못했다. 천사는 믿지 못하는 사가랴에게 아이가 태어날 때까지 말을 하지 못할 거라고 했다. 그날부터 사가랴는 말을 할 수 없었다.

천사의 말대로 엘리사벳이 출산했다. 당시의 관습에 따라 태어난 지 8일 만에 요한은 할례를 받았다. 보통 아이의 이름은 태어나자마자 짓지만, 갑자기 말을 못하게 된 사가랴의 사정으로 그렇게 하지 못했다. 사가랴의 친척들은 아이의 할례식을 행할 때, 아버지의 이름을 따라 아기의 이름을 사가랴로 짓자고 제안했다. 그러나 엘리사벳은 아이의 이름을 요한으로 짓겠다고 했다. 사람들이 반대했다. 당시에는 친족의 이름을 따서 아기의 이름을 지었는데, 친족 중에 '요한'이라는 이름이 없었기 때문이다. 엘리사벳은 사람들의 강요에 휩쓸리지 않고 하나님 말씀에 순종했다.

엘리사벳의 단호한 결단 앞에서 당황한 사람들이 사가랴에게 눈을 돌렸다. 가뜩이나 말도 못하는 사람에게 어떻게든 의사소통을 하려고 했다. 손짓발짓 해가며 아이의 이름을 무엇이라 할지 물었다. 사가랴의 대답은 엘리사벳의 대답과 같았다. 서판에 아이의 이름을 '요한'이라고 써서 사람들에게 보여주었다. 그 순간 놀라운 일이 벌어졌다. 사가랴가 갑자기 말을 하기 시작했다. 사가랴는 입을 열자마자 그동안의 답답함을 토로하지 않았다. 그저 하나님을 찬양하기 시작했다.

예수님은 마음에 가득한 것을 입으로 말한다고 말씀하셨다. 그동안 말 한 마디 못하던 사가랴는 입이 열리자마자 찬송했다. 그가 말하지 못하는 상황에서도 마음으로 계속 하나님을 찬양했다는 의미다. 자신에게 징계를 준 하나님을 원망할 법한데도 하나님을 찬양했다. 사가랴 입장에서는 오랜 기도 제목에 하나님이 응답해 주심을 자랑하고 싶고, 오랫동안 아기가 없어 고생한 부인을 위로해 주고 싶고, 부부가 함께 기쁨의 시간을 보내고 싶은 마음이 굴뚝같았을 것이다.

하나님은 왜 이런 일을 허락하신 것일까? 사가랴가 하나님만 바라보도록 하기 위함이었다. 말을 할 수 없었던 사가랴가 유일하게 대화할 수 있는 상대는 하나님뿐이었다. 말을 할 수 없어서 마음으로 하나님과 대화하는 것이 유일한 의사소통 방법이었다. 마음으로 기도하고 또 기도하면서 부부는 하나님의 뜻을 이루기 위해 준비했다. 그리고 세례 요한을 건강하게 출산했다. 엘리사벳은 자신을 찾아온 친척 마리아를 보고는 성령 충만하여 메시아의 오심을 예언했다.

하나님의 뜻을 이루는 삶에는 반드시 기도가 수반된다. 늘 하나님께 기도하는 삶을 살아야 한다. 하나님께 기도하는 삶을 위해 우리는 삶의 방식을 조정해야 한다. 하나님이 사가랴의 입을 막으심으로 하나님과 깊이 교제하게 하신 뜻을 잘 헤아려야 한다. 우리는 분주한 삶 가운데서 어떻게든 하나님과 대화할 수 있는 시간을 확보해야 한다.

임신 기간 중 사가랴와 엘리사벳 부부는 사람들과 접촉을 끊은 채 지냈다. 하나님의 뜻을 이루기 위함이었다. 임신한 아내와 말하지 못하는 남편이 할 수 있는 유일한 일은 함께 하나님께 기도하는 것이었다. 하나님이 약속을 주셨으니 알아서 하시겠지 하는 마음으로 안이하게 지내지 않았다. 하나님의 뜻이 삶 속에서 온전히 이루어지도록 사람들이 없는 곳에 가서 기도하며 시간을 보냈다.

요한은 광야에서 성장했다. 사람들에게 나타나는 날까지 빈 들에 있었다. 요한이 빈 들에 간 것은 성경의 예언을 이루기 위함이었다. 이사야의 예언대로 광야에서 여호와의 길을 예비했다. 요한은 사명을 감당하기 위해 성장기를 광야에서 보냈다. 요한이 빈 들에 간 것은 부모의 결정이기도 했다. 부모가 그것이 아들에게 유익하다고 여겼기 때문이다. 요한의 사명이 무엇인지 가장 잘 아는 사가랴와 엘리사벳은 하나님의 뜻을 이루기 위해 사랑하는 아들을 일찍부터 광야로 보냈다. 요한을 임신했을 때 자신들처럼, 그곳에서 기도하며 하나님의 뜻을 이루기 위해 준비하라는 것이었다.

결국 하나님의 뜻을 이루기 위해 부모와 자녀 모두 아무도 없는 곳에서 준비된 것이다. 우리도 하나님의 뜻을 이루기 위해 빈 들, 오늘날로 말하면 골방에서 준비되어야 한다. 아무도 없는 곳에서 하나님과 깊은 교제를 나누며 살아갈 때 비로소 하나님의 뜻대로 살게 된다.

✳ 하나님의 시선만 바라보는 기도

산상수훈은 하나님만 바라보는 삶의 원리를 가르쳐준다. 기존에 하나님을 바라본다며 행하던 종교 행위의 문제점을 드러내신다. 하나님을 바라보고 기도한다면서, 대로에서 사람을 의식하며 기도한다. 하나님의 기쁨을 위해 구제한다면서, 사람들이 볼 때만 구제한다. 하나님의 뜻을 구하려 금식한다면서, 사람들에게 대대적으로 광고한다.

예수님은 기도할 때 골방에 들어가라고 말씀하셨다. 구제할 때 오른손이 하는 일을 왼손이 모르게 하라고 하셨다. 금식할 때 머리에 기름을 바름으로 누구도 눈치채지 못하게 하라고 말씀하셨다. 은밀한 중에 보시는 아버지께만 보이라고 하셨다.

은밀한 중에 보시는 아버지께서 갚으실 것을 약속하셨다.

하나님만 바라보는 삶은 결국 하나님께만 보이는 삶이다. 하나님만 보시는 곳으로 가야 한다. 하나님만 보실 수 있도록 몰래 해야 한다. 그것이 하나님만 바라보는 길이기 때문이다. 누구의 시선을 의식하지 않고 하나님의 시선만 의식한다. 그래서 예수님은 사람이 보지 않는 골방으로 가셨다. 하나님이 보시는 곳, 하나님께만 보일 수 있는 곳, 하나님만 바라볼 수 있는 곳으로 나아가야 한다.

✵ 관광지에 집회를 가도 관광하지 않는 이유

집회 때문에 지방에 가거나 해외에 나가도 나는 숙소 밖을 잘 나가지 않는다. 인근에 유명한 관광지가 있다고 해도 잘 가지 않는다. 그냥 숙소나 교회에서 기도한다. 먼저는 내가 은혜를 보장할 수 없기 때문이다. 내게서는 터럭만큼의 은혜도 나오지 않는다. 익숙한 간증이라 할지라도 마찬가지다. 사람들을 울리는 스토리가 있다 할지라도 성령님이 함께하시지 않으면 울리는 꽹과리에 불과하다. 아무 능력도 역사도 나타나지 않는다.

내가 기도한다고 하나님이 무조건 은혜 주시는 것도 아니다. 기브앤테이크가 절대 아니다. 내가 기도했으니 하나님이 은혜를 주셔야 하는 것도 아니다. 은혜는 철저하게 하나님의 주권이다. 하나님이 주셔야만 받을 수 있는 것이 은혜다. 그래서 기도한다. 나를 불쌍히 여겨주시길, 은혜 베풀어주시길 간구하고 또 간구한다. 그러니 집회를 가도 마음 편히 어디를 다니지 못한다. 집회 시작 전까지 주님의 은혜만을 구하고 구할 따름이다.

이유가 하나 더 있다. 하나님의 역사를 보는 것보다 기쁜 일은 없기 때문이다. 관광지에서 멋진 풍경을 보는 것도 좋지만, 주님의 은혜의 현장을 보는 것과 비교할 수 없다. 기도하는 시간 자체도 기쁨이지만, 기도를 들으시고 역사하시는 하나님을 만나는 일이 가장 행복하다. 하나님의 영광이 임하는 자리에 함께하는 것이 가장 복되다.

전에 LA 은혜한인교회 선교관에 20일간 머문 적이 있다. 그때 매일 새벽기도를 나갔다. 오후와 저녁에도 교회에서 기도했다. 강사로 온 사람이 매일 새벽기도에 나오니 모두 신기하게 여기는 눈치였다. 라이드해 주시는 목사님이 좋은 데를 가자고 해도 정중히 사양했다. 그저 기도의 자리를 지켰다. 그게 제일 행복했다.

은혜한인교회의 집회 당일, 기도실에서 여섯 시간을 넘

게 기도하며 준비했다. 하나님의 은혜를 간절히 구했다. 그날 하나님이 큰 은혜를 주셨다. 강력한 성령님의 역사가 나타났다. 그날의 집회에 대한 피드백이 일 년이 지나도 들려왔다. 덕분에 6개월 후 다시 설교할 기회도 얻었다. 그렇게 불러주시는 교회마다 하나님의 놀라운 역사를 눈앞에서 목도했다. 그러니 어디 갈 생각을 어찌 하겠는가. 그저 기도의 자리를 사수할 뿐이다.

✳ 집회에서 끝까지 남아 기도하는 이유

수련회에 강사로 가면 늘 끝날 때까지 남아서 기도하다 마치고 나면 인사하고 귀가했다. 그럴 때마다 담당 목사님들이 놀라 고개를 갸우뚱하며 물었다.

"보통 설교 끝나면 강사 목사님들은 가시는데, 왜 목사님은 끝까지 남아서 기도하세요?"

그럴 때마다 내 대답은 똑같다.

"아이들에게 복음을 전하러 왔으니, 끝까지 붙들고 기도해야지요."

"설교자이기 전에 예배자이니 끝까지 자리를 지켜야지요."

"기도 시간이 가장 큰 은혜의 순간인데 당연히 있어야지요."

교회에서 나를 부른 목적을 알기에 먼저 갈 수 없었다. 다음세대를 붙들고 안수하며 간절히 기도했다. 그들이 하나님 만나기를 간구했다. 설교자이기 전에 예배자인데, 예배가 끝나지 않았는데 먼저 간다니 용납할 수 없었다. 무엇보다 수련회의 백미는 기도회 시간이다. 가장 큰 은혜가 예비된 자리를 지키는 것은 당연하다.

✢ 집회에서 오래 기도하는 방법

어느 순간부터 집회에 가면 기도회 인도를 자연스레 맡겨 주셨다. 오히려 설교보다 기도회에 더 힘을 쏟았다. 내 경우도 그랬고, 대부분 수련회 기도회에서 주님을 만나기 때문이다. 기도회를 마치고 나오면 보통 자정이 넘는다. 집에 돌아갈 시간은 생각하지 않았다. 전라도든 경상도든 상관없었다. 끝나면 내 몸은 파김치가 되지만 마음은 천국이다. 하나님의 은혜를 찬양하며 귀가했다.

기도회를 인도할 때 감정이나 느낌에 의존해서는 안 된다. 그러면 오래 기도하지 못한다. 내 컨디션에 좌우되기 때문이다. 그저 주께서 기도하라 하셨으니 기도한다. 속된 말로 '오늘은 날이 아닌가 보다' 싶어도 꾹 참고 한다. 한번은 기도 인도가 너무 힘들었다. 겨우겨우 마쳤다. 그다음 주에 처음 뵌 분이 내 손을 꼭 잡고 감사하다고 했다. 그날 기도할 때 20년 만에 주님을 다시 만났다고 했다. 감정이 아닌 말씀에 순종하여 끝까지 기도할 때, 하나님의 놀라운 역사를 참 많이 경험했다.

시대는 변해도 은혜받는 통로는 같다. 여전히 대다수의 다음세대가 수련회 기도회에서 주님을 만난다. 그들은 울면서 회개한다. 십자가의 은혜가 마음에 새겨진다. 사람 눈치 보면 30분도 쉽지 않지만, 하나님의 눈을 보면 세 시간도 거뜬하다. 오래 기도하는 만큼 십자가의 은혜가 더 깊고 선명하게 새겨진다. 기존 사역과 수련회 준비를 병행하느라 진이 빠졌음에도, 생명 걸고 기도회를 인도하는 많은 사역자를 본다. 그들을 보며 소망을 얻는다. 여전히 다음세대에 일하시는 주님을 본다.

✦ 하면 할수록 새로운 기도

매일 운동하던 사람도 며칠 쉬면 루틴이 깨진다. 다시 규

칙적으로 운동하기가 어렵다. 기도도 마찬가지다. 매일 기도하던 사람이 하루만 쉬어도 루틴이 깨진다. 오랫동안 매일 정해진 시간에 기도해 오던 사람도 마찬가지다. 전처럼 오랫동안 기도하는 것이 어려워진다. 기도의 분량을 채우는 것이 쉽지 않다. 전에는 오랜 시간 기도에 집중했는데, 도통 집중이 되지 않는다. 기도할 때 금방금방 가던 시간이 갑자기 더뎌짐을 느낀다. 지겨움을 느끼는 지경까지 이른다. 하루를 타협하면 한 달, 일 년이 순식간에 지나간다. 그러면 다시 기도의 루틴을 세우기가 어려워진다. 기도는 쉬면 쉴수록 지겹다.

깊은 고난의 강을 지나는 사람을 만났다. 그에게 같이 기도하자고 했다. 그와 매일 서너 시간씩 합심하여 기도했다. 처음에는 고난이 지나가게 해달라고 기도했다. 그런데 기도할수록 기도가 바뀌었다. 초조함은 사라지고 마음의 근육이 단단해졌다. 앞으로 갈 길은 여전히 보이지 않았지만, 주님이 곁에 계심을 확실히 알 수 있었다. 그렇게 주님과 함께 기도하다 보니 어느새 고난을 지나왔다.

세상 모든 일은 하면 할수록 지겨운데, 기도는 하면 할수록 새로웠다. 내 머리로 계획하고 실행한 일은 헛되고 허탄한데, 계획 없이 기도로 부딪힌 일은 복되고 영광스러웠다. 기도하지 않으면 사람의 일을 보지만, 기도하면 하나님의 일을 보았다. 그래서 기도가 재미있다. 누가 시키지 않아도, 보는 이가 없어도 기도의 자리를 지킨다.

오래전 살려달라고 시작한 기도는 의무가 되었고, 의무로 하던 기도는 어느 순간 기쁨이 되었다. 내 안에 은혜가 넘실거렸다. 이제는 아주 조금 알 것 같다. 믿음의 선배님들이 왜 그토록 기도의 자리를 지켰는지. 매일 그리도 오래 기도하는 선배님들을 아주 조금 이해할 수 있을 것 같다. 기도가 제일 재미있다. 기도가 제일 행복하다. 기도가 제일 영광스럽다.

✷ 기도 읽고, 말씀 하다

보통 말씀 읽고 기도하기를 신앙의 기본이라고 한다. 매일 말씀을 몇 장씩 읽으며 묵상하고 기도 시간을 지키는 것은 기본 중의 기본이다. 그러나 이것을 매일 지키는 신자는 많지 않다. 지속하기가 쉽지 않은 것이다. 은혜받고 반짝 불이 붙으면 며칠은 즐겁게 기도한다. 말씀도 꿀송이처럼 달다. 그런데 고조된 마음이 가라앉으면 다시 기도하고 말씀을 읽는 것이 어려워진다.

신앙의 기본을 잘 지키는 사람은 오히려 반대로 한다. 기도 '읽고' 말씀을 '한다.' 날마다 중보기도 노트의 기도 제목을 보고 기도한다. 한 사람 한 사람의 기도 제목을 전부 다 읽으며 기도한다. 내 아내가 그랬다. 아내는 고등학교 교목일 때, 전교생 명단을 펼쳐놓고 새벽마다 기도했다. 하루도 빠지지 않았다. 수백 명의 이름을 불러가며 간절히 기도했다. 그렇게 주어진 기도의 분량을 채웠다.

말씀은 읽는 데서 그치지 않고 행하는 데까지 나아가야 한다. 우리는 말씀을 읽고 아는 것으로 만족한다. 도무지 행하지 않는다. 그런데 예수님은 분명 말씀하셨다.

"이를 행하라 그러면 살리라"(눅 10:28)

행하면 산다고 하셨다. 성경 백 구절을 아는 것보다 한 구절을 행하는 것이 더 유익하다. 한 구절이라도 삶으로 행할 때 큰 은혜가 임했다. 순종하니 놀라운 은혜가 임했다. 그간 은혜를 받아야 순종한다고 여겼는데, 은혜가 임하지 않아 답답했는데, 순종하니 바로 은혜가 임했다. 갈급함이 사라졌다. 말씀이 다시 달콤해졌다.

기도를 잘하지 않아도 된다. 감정이 고조되지 않아도 괜찮다. 자기의 상황과 상관없이 기도의 자리를 지킬 때 하나님이 기뻐하신다. 잘하지 못할지라도 말씀 한 절이라도 순종할 때 하나님이 기뻐하신다. 말씀을 읽고 기도하는 삶을 넘어, 기도를 읽고 말씀을 하는 삶을 살아갈 때, 우리는 날마다 주님과 동행할 수 있다.

✦ 수련회 예배당에 벽시계 없애기

홍천 전인기독학교의 개강수련회에서 설교와 기도회를 인도했다. 무심코 벽에 있는 시계를 보았다. 11시가 넘어가고 있었다. 문득 집회 예배당의 벽시계를 치워야겠다는 마음이 들었다. 기도는 시간을 정해서 하는 것도 좋지만, 하나님이 원하실 때까지 하는 것이 가장 좋다고 믿는다. 그간 우리는 너무 시간에 구애받지 않았나 싶었다.

시간에 제약 없이 아이들과 마음껏 기도했다. 집회 전 교감선생님은 아이들이 새벽 1-2시까지 기도하는 게 자연스럽다고 말씀하셨다. 그런데 은혜가 쏟아졌다. 아이들의 기도소리가 줄어들지 않았다. 십자가의 사랑을 붙들고 통곡하며 기도했다. 나를 구원해 주신 은혜가 감사해 기쁨의 눈물로 기도했다. 사람을 살리는 인생이 되기로 결단했다.

상대방을 위해 기도하는 시간을 가졌다. 중학교 1학년부터 고등학교 3학년까지 차례대로 각 학년을 위해 기도했다. 친구와 선후배를 위해 눈물로 기도했다. 선생님들을 위해 기도할 때 선생님들이 가운데로 모였다. 그런데 일단의 아이들이 어딘가로 뛰기 시작했다. 자리에 없는 선생님을 모시러 가나 싶었다.

선생님들을 위해 기도하던 중 사인을 주려고 2층 방송실을 올려다보았다. 순간 눈물이 났다. 아까 달려간 아이들이 방송실에 있었다. 스텝으로 섬기는 선생님을 붙들고 기도하고 있었다. 그 마음이 너무 예뻐서 울고 말았다.

그렇게 자정이 넘었는데도 아이들의 기도는 그칠 줄 몰랐다. 학년별로 모여서 손을 맞잡고 계속 기도했다. 강대상에서 무릎 꿇고 주의 이름을 간절히 부르며 기도했다. 시간이 금방 지나갔다. 은혜가 우리를 덮었기에 하나님만 바라보며 기도했다. 압도적인 성령의 충만하신 역사를 목도했다.

✳ 통성기도의 위력

수련회에 가면 설교 후 기도회를 인도할 때가 많다. 보통 교회에서 요청하는 시간에 맞춘다. 근래에는 대부분의 교회가 내 마음의 감동에 따라 시간을 마음껏 쓰라고 한다. 그러면 대개의 경우 설교부터 기도회까지 네다섯 시간이 걸린다. 전에 인천의 한 교회에서는 작정하고 기도를 부탁해 여섯 시간을 인도했다.

어릴 때부터 그렇게 배웠다. 수련회에서 간절히 오랫동안 기도하는 것을 보고 자랐다. 그렇게 기도해서 은혜받았다. 물론 수련회에서 은혜받아도 금방 예전의 삶으로 되돌아가곤 한다. 그렇다고 그 기도가 무용하다고 생각하지 않는다. 눈에 띄는 변화가 없을지라도 점진적인 신앙의 성숙이 분명 있었다. 그런 기도가 쌓이고 쌓여 변화된 것이라고 믿는다. 그 은혜를 누린 우리와 선배 세대는 세월이 흘러도 몸부림치며 기도하기에 믿음을 지킨다. 그래서 지금 세대에도 필요하다고 생각해 가는 곳마다 기도로 몸부림친다.

수련회에서는 특별한 은사를 구하지 않는다. 신비체험도 구하지 않는다. 오래도록 회개할 뿐이다. 스스로 하나님 되고자 하는 우리의 죄 된 본성을 회개한다. 가만히 있어도 죄에 이끌리는 죄 된 본성을 통회하며 회개한다. 그토록 세고 센 죄 된 본성을 거스르려니 기도로 몸부림칠 수밖에 없다.

십자가를 붙들고 간절히 기도한다. 나를 살리시려 하나님이 어떤 일을 하셨는지 하나하나 나누며 기도한다. 십자가를 바라볼 때 우리를 진정 회개케 하시는 주님을 만난다. 인도자의 능력도 자신의 정성도 아니다. 죽을 각오로 기도하는 자녀를 불쌍히 여기시는 하나님의 은혜다. 늘 부담된다. 예전 같지 않은 체력, 무엇보다 내 힘으로 감당할 수 없음을 알기 때문이다. 그래서 더 몸부림치며 주님의 긍휼을 구한다.

Anna's Prayer 4

60년 과부 세월
굶어 죽지 않은 안나

　안나는 과부가 된 후 84세가 될 때까지 성전에서 기도했다. 당시 이스라엘 여자는 15세 전후에 결혼했다. 안나는 15세 전후에 결혼해 7년을 남편과 함께 살다 20대 초반에 과부가 되었다. 그러고는 60년이 넘는 세월을 성전에서 주야로 금식하며 기도했다. 안나는 새 남자를 만나 결혼하지 않았다. 평생 과부로 살았다. 누구도 그녀를 돌봐주지 않았다. 굶어 죽어 마땅한 처지인데 죽지 않았다. 60년이 넘는 세월을 버텼다.

　안나를 돌본 이는 사람이 아닌 하나님이었다. 하나님이 안나를 직접 돌보셨다. 친히 먹이시고 입히셨다. 안나는 굶어 죽지 않았다. 그런데 거기서 그치지 않는다. 안나는 날마다 기적을 경험했다. 하나님이 아니면 설명되지 않는 일상이었다. 도저히 상상할 수 없는 방법으로 필요를 채우시는 하나님을 매일 만났다. 60년이 넘도록 매일 하나님의 역사를 경험했다. 안나의 상황이 오히려 날마다 하나님을 경험할 기회가 되었다. 날마다 만나를 내리시는 하나님과 동행했다.

✴ 치유된 사람들의 뒷이야기를 성경에서 다루지 않는 이유

성경을 보면, 예수님이 병을 고쳐주시고 기적을 일으켜주신 사람들이 있다. 병이 치유되고 큰 문제가 해결되었다. 그럼에도 그들은 여전히 가난하고 힘겨운 삶을 살았다. 그런데 성경은 그들의 뒷이야기를 다루지 않는다. 고침받아 현실을 마주했을 텐데 더는 언급이 없다.

예수님이 그들을 고치셨으니 이제는 알아서 살아라 하신 게 아니다. 병을 고쳐주고 문제를 해결했으니 천국 갈 때까지는 홀로서기를 요구하심도 아니다. 예수님이 기적을 일으키심은 그들의 삶에 개입하기 시작했다는 의미다. 예수님이 책임지시는 인생이 된 것이다. 예수님이 사랑하여 구원해낸 그들의 인생을 직접 책임지실 것이 명약관화했다. 그러니 성경이 그들의 뒷이야기를 다루지 않는 것이다.

예수님은 십자가에서 죽기까지 우리를 사랑하셨다. 목숨을 내어주심으로 우리를 향한 사랑을 확증하셨다. 죽기까지 사랑하셨으니 우리를 내버려두실 리 만무하다. 한 번 시작된 사랑은 영원하다.

✳ 생명줄뿐 아니라 생활줄도 쥐고 계신 하나님

어떻게 해야 사람에게 기대하지 않을까? 하나님을 의지하는 것 외에는 답이 없다. 하나님께 기대는 길밖에 없다. 전국에 있는 수많은 사역자를 만났다. 사람으로 인해 찢긴 마음을 참 많이도 마주했다. 그 고통을 알기에 감히 한 마디 위로도 건넬 수 없었다.

내게 불신앙적인 것을 요구하는 이가 있었다. 그와 더는 함께할 수 없었다. 이제 그만두겠다고 대답했다. 그간 감사했다 말하고 나왔다. 대차게 말하고 돌아섰지만 당장 생계가 걱정이었다. 아무런 대안이 없었다.

집에 가서 기어들어가는 목소리로 아내에게 그만두었다

고 말했다. 아내가 대답했다.

"굶어 죽기야 하겠어. 주님 뜻 순종하다가 굶어 죽으면 하나님이 순교로 받아주시겠지."

아내의 말에 정신이 번쩍 들었다. 내 생명줄을 쥐고 있는 분은 하나님이다. 눈앞에 있는 저 큰 사람이 아니다. 하나님이 내 생활줄도 쥐고 계신다. 저 사람은 내 눈에 큰 만큼 하나님 앞에서는 더 작은 사람에 불과하다. 하나님이 내 삶을 책임지신다. 나를 살리겠다고 대신 죽으셨고, 나를 살리겠다고 아들을 내어주신 하나님이 나를 내버려두실 리 없다. 이해하고 인내하고 용서하고 용납하되 비굴하지는 말자. 하나님이 더 크시다.

✻ 하나님이 책임지시는 인생

출애굽한 이스라엘은 만나를 먹었다. 아무것도 없는 광야에서 만나는 생명줄이었다. 비록 고되고 힘든 여정이었지만 하나님의 돌보심을 경험했다. 불평과 원망도 많았지만, 하나님은 그때를 '신혼 때의 사랑'이라 하셨다. 만나는 날마다 하나님을 만나는 통로였다.

가나안에 정착해 첫해 소산을 얻었다. 만나는 더 이상 내리지 않았다. 곡식이 있기에 만나 없이도 살 수 있었다. 그런데 이스라엘은 타락했다. 만나로 만나던 하나님을 더는 찾지 않았다. 집이 있고, 밭이 있고, 창고에 곡식이 가득했다. 하나님을 만나지 않아도 살 수 있어 타락했다.

레갑 족속은 조상 때부터 전해진 말씀을 지켰다. 집도 밭도 포도원도 가지지 않았다. 포도주를 멀리하고 장막에 거하며 하나님만 바라보았다. 아무것도 없어 보이지만, 실상 레갑 족속은 모든 것을 가진 자들이었다. 그들에게는 하나님이 있었다. 하나님이 그들을 친히 돌보셨다. 그들은 하나님을 통해 모든 것을 소유한 자들이었다.

한 부자 청년이 예수님을 만났다. 누구보다 하나님을 잘 믿은 청년에게 예수님은 모든 재산을 가난한 자에게 주고 예수님을 따르라고 하셨다. 청년은 근심하여 돌아갔다. 예전에는 예수님의 이 말씀이 가혹해 보였다. 그런데 세월이 지나며 말씀이 다시 보였다. 예수님이 그에게 희생을 요구한 것이 아님을 알았다. 예수님이 친히 책임질 테니 예수님을 따르라는 말씀이었다. 썩어 없어질 것, 죽어 가져가지 못할 것이 아닌 하나님이신 예수님이 그의 인생을 책임져주시겠다는 약속이었다.

만나가 아니면 살 수 없는 인생이 버거울 때가 많다. 빨리 벗어나고 싶지만 여의치 않다. 답답하여 견딜 수 없다. 그런데 만나가 내리는 인생은 결코 초라하지 않다. 하나님이 친히 돌보시기 때문이다. 직접 먹이시고, 입히시고, 인도하신다. 죽을 것 같은 날이 와도 죽지 않는다. 하나님이 거두어가시기 전에는 그 누구도 생명을 앗아갈 수 없다. 그러니 포기하지 말고, 죽지도 말고, 오늘도 만나로 만나주시는 하나님을 만나자!

✶ 한 번에 문제를 다 해결해 주시지 않는 이유

왜 하나님은 문제를 한 번에 해결해 주시지 않을까? 한 번에 모두 해결해 주시면 좋을 텐데, 이렇게 애간장 녹을 일이 없을 텐데 다 포기할 때 작은 길을 열어주신다. 삶의 순간마다 하나님을 의지할 수밖에 없게 하신다. 그런데 한 가지 알아야 할 것이 있다. 하나님은 내 문제를 해결할 의무가 없으시다. 그런데도 십자가에서 모든 걸 내어주심으로 문제를 해결하셨다. 그저 은혜일 뿐이며 헤아릴 수 없는 보상임을 세월이 가며 깨닫는다. 그러고도 나를 구원하신 하나님은 여전히 나를 돌보신다.

나를 지으신 하나님은 누구보다 나를 잘 아신다. 한 번에 모든 게 해결되면 나는 하나님을 떠날 것이다. 떠나지 않는다 해도 전처럼 하나님을 찾지 않을 것이다. 문제가 없는 삶을 꿈꾸며 오랫동안 간절히 기도했다. 그런 삶이 잠시 주어진 적도 있었다. 그때 나는 알았다. 나도 다른 사람과 다르지 않다는 것을. 전처럼 하나님을 찾지 않았다.

문제 없는 삶을 꿈꾸는 것은 어쩌면 하나님 없는 삶을 꿈꾸는 것일지도 모른다. 아무 문제 없이 내가 하고 싶은 대로 사는 삶, 하나님께 구하지 않아도 아무 문제 없는 삶, 내가 주목받고 영광받는 삶을 꿈꾼다.

문제 없는 삶에는 하나님이 없다. 반면, 문제 있는 삶에는 하나님도 있다. 그래서 문제가 왜 사라지지 않느냐고 불평하기보다는 여전히 나와 함께하시는 하나님을 바라보는 편이 낫다. 문제는 언젠가 사라지지만 하나님은 영원히 함께하신다.

✳ 벼랑에서 떨어질 때도 건지시는 하나님

벼랑 끝에서 건지시는 하나님을 참 많이 만났다. 벼랑에서 절대 떨어지지 않는다는 믿음이 굳건했는데 벼랑에서 떨어질 때가 있다. 설마 했는데 믿었는데 한없이 추락한다. 다 끝났다고 생각했다. 영락없이 죽었다고 여겼다. 그런데 죽지 않았다. 죽을 자리에 떨어졌는데 살아있다. 내 한계와 임계점을 넘은 죽음의 자리에 내동댕이쳐져도 살았다. 내가 정한 생과 사의 마지노선은 하나님께 아무것도 아니었다. 죽을 이도 살리시는 하나님께 죽을 만큼 어려움은 아무것도 아니었다.

하나님이 내 생명을 취하지 않는 이상 그 누구도 가져갈 수 없다. 죽었을 상황인데 살아있다면 죽은 게 아니다. 하나님은 살아있는 자의 하나님이다. 죽은 아브라함, 이삭, 야곱도 하나님 앞에서는 살아있는 자들이다. 산 자의 하나님이 나와 함께하시니 나도 산 자다. 살아있고 살아날 것이다.

사방이 욱여쌈을 당할 때, 하늘도 막혀버린 것 같을 때, 볼 수 있는 것도 보이는 것도 없을 그때, 차라리 눈을 감는다. 잠시 후 입가에 미소가 번진다. 하나님의 사랑이 믿어진다. 생명 주신 사랑이 내 마음에 여전하다. 죽으라고 고난을 주시지 않는다. 오히려 고난을 지나며 하나님과 같이 산다. 덕분에 산다. 고난이 나와 하나님 사이를 끊지 못한다. 더 단단하게 묶는다. 고난은 하나님께로 가는 길이다. 하나님과 함께 간다.

✴ 기도, 돌파가 아닌 버티는 것

어릴 적 순복음교회에서 신앙생활하며 배운 게 있다. '신앙은 돌파하는 것이다.' 신앙생활에 있어 도전정신을 불러일으켰다. 돌파하려고 몸부림쳤다. 문제를 해결하려고 간절히 기도했다. 기도하면 무조건 돌파할 수 있다고 믿었다. 그런데 돌파할 때도 있지만 안 될 때가 더 많았다. 열심이 부족한가 싶었다. 삶을 더 팽팽히 조였다. 나 자신을 더욱더 강하게 밀어붙였다. 결국 어느 순간 줄이 끊어져버리고 말았다. 모든 것을 포기하고 주저앉았다.

오랜 세월이 흘렀다. 숱한 풍파를 지나며 깨달은 게 있다. '신앙은 버티는 것이다.' 내가 기도한다고 문제가 바로 해결되지 않는다. 기도 응답, 문제 해결은 내 공로로 주어지지 않는다. 철저히 하나님의 주권이다. 하나님의 섭리다. 하나님의 때에 하나님의 방법으로 응답해 주신다. 그 과정에서 죽을 것 같지만 결코 죽지 않는다. 기도하면 그 세월을 버틸 수 있다. 버텨낼 수 있다. 기도하면 지나간다.

내가 버티는 게 아니다. 하나님이 붙드시니 버틸 뿐이었다. 그저 버티고 버티고 또 버티기만 했다. 돌파할 생각은 꿈도 꾸지 못할 정도로 가혹한 날이 많았다. 그런데 어느 순간 뒤돌아보니 지나와 있었다. 주님이 하셨다. 당장 응답이 더디고 문제가 여전할지라도, 기도의 자리를 끝까지 지키는 사람은 버틴다. 끝까지 버텨낸다.

Anna's Prayer 5

홀로 기도의 자리를
지킨 안나

안나는 성전에서 평생 기도했다. 홀로 기도의 자리를 지켰다. 평생 혼자 기도한 것이다. 기도의 제목은 늘 같았다. 하나님이 약속하신 메시아가 오시길 간구했다. 하나님의 약속인 그리스도께서 오실 날을 기도하며 기다렸다. 단조로운 기도였다. 기약을 알 수 없는 기도였다. 무엇보다 굉장히 긴 기다림을 견뎌내야 했다. 그럼에도 안나는 꿋꿋이 기도의 자리를 사수했다. 하나님이 주신 사명이기 때문이다.

안나 한 사람의 기도를 하나님이 들으셨다. 마침내 응답해 주셨다. 평생 기도하고 기다리던 메시아께서 이 땅에 오셨다. 말라기 선지자 이후로 예수님이 오실 때까지 400년의 시기를 암흑기라고 불렀다. 더 이상 선지자들도 하나님의 말씀도 희귀했다. 이스라엘이 계속해서 식민 지배를 당하며 가장 어두운 때를 지났다. 도저히 하나님께 소망을 가질 수 없던 때였다. 그럼에도 안나는 포기하지 않았다. 약속하신 이가 하나님이기에 의심하지도 않았다. 끝까지 기도해 기어이 기도의 응답을 받았다. 암흑기 가운데 오신 메시아를 만났다.

하나님은 안나 한 사람의 기도를 들으셨다. 그리고 그 기도에 응답해 주셨다. 한 사람의 기도를 통해 하나님의 약속이 성취되었다. 한 사람이면 충분했다. 한 사람의 기도면 충분했다. 한 사람의 기도가 이스라엘 민족을 살렸다. 한 사람의 기도가 열방을 살렸다. 한 사람이면 충분하다.

✤ 한 사람이면 충분하다

내가 청년 사역을 할 때였다. 중형 교회에서 청년부 디렉터로 사역을 시작했다. 많은 청년을 보며 희망에 부풀었다. 첫 주에 부임인사를 하고 나서 뭔가 잘못되었음을 알았다. 당시 교회를 흔드는 사람들이 있었다. 말도 안 되는 거짓말로 교회를 흔드는 세력이었다. 사람들이 교회를 이탈했고, 그 영향으로 청년들도 교회를 떠났다. 부모님이 교회를 떠나니 청년들도 떠났다. 친구가 교회를 옮기니까 따라서 옮기는 일이 일어났다. 정신을 차릴 수 없었다. 매주 썰물 빠지듯 나가는 청년들을 붙잡을 수 없었다. 상처받은 청년들은 내게 다가오지 않았다. 오히려 내가 다가가면 물러서기 일쑤였다.

부임하고 두 달 정도 되었을 때, 공동체가 아끼던 한 청년이 갑자기 심장마비로 죽었다. 청년들이 사랑하던 지체의 죽음 앞에 모두 깊은 절망에 빠졌다. 방법이 없었다. 그간 신학교에서 많은 것을 배웠지만, 떠나는 청년들을 잡을 방법도 도리도 알 수 없었다. 청년부가 없어지는 건 시간문제였다.

내가 할 수 있는 건 기도밖에 없었다. 청년부 예배 시간에 공지했다. 교회 금요기도회가 끝나면 청년들끼리 모여 기도하자고 제안했다. 그 주 금요기도회를 마치고 청년부 금요기도회를 시작했다. 당연히 아무도 안 왔다. 불 꺼진 방에서 홀로 기타 치며 찬양하고 기도했다. 하나님의 긍휼과 은혜를 구했다. 그렇게 몇 달 동안 혼자 기도의 자리를 지켰다.

그 무렵 한 청년의 할머니가 돌아가셔서 장례를 치른다는 소식을 들었다. 장례식에 가려고 짐을 챙겨 교역자 사무실을 나서려는데, 선임목사님이 조부모 장례에는 안 가도 된다고 했다. 교회에서도 조부모 장례에는 가지 않으니 안 가도 된다는 것이다. 그런데 왠지 가고 싶었다.

늦은 밤에 장례식장에 갔다. 나를 본 청년이 깜짝 놀랐다. 전혀 기대하지 않은 사람이 와서 놀란 눈치였다. 그렇게 장례식장에 앉아 청년과 이런저런 이야기를 나누었다. 공교롭게도 그날 이후로 조부모상이 연달아 났다. 경상도든 전라도든 다 갔다. 아무리 늦어도 아무리 멀어도 갔다.

여느 때처럼 금요기도회를 마치고 홀로 기타 치며 기도하고 있는데 갑자기 인기척이 들렸다. 문이 열리더니 한 청년이 들어와 앉았다. 몇 달 만에 처음으로 기도하러 청년이 온 것이다. 그날의 감격을 잊을 수 없다. 청년과 함께 공동체와 지체들을 위해 간절히 기도했다. 이후로 기도회에 청년들의 발걸음이 이어졌다. 점점 더 많은 청년이 기도회를 찾았고, 그렇게 공동체에 회복의 움이 싹트기 시작했다.

한번은 교회에 청년이 새로 왔는데, 얼마 안 되어 조부모상이 났다. 예배 후에 조문하러 갈 거니 함께할 청년들은 오라고 공지했다. 예배를 마치고 장례식장에 먼저 도착했다. 상주에게 인사하고 아픔당한 청년을 위로했다. 조문을 마치고 청년들이 왔나 확인하러 밖으로 나왔다. 순간 깜짝 놀랐다. 눈앞의 광경이 믿어지지 않았다. 그날 주일예배에 온 청년들이 모두 와서 조문하겠다며 길게 줄지어 서 있었다. 슬픔을 당한 청년의 어깨를 토닥여주고 안아주는 모습이 그렇게 아름다울 수 없었다. 그 모습에 눈물이 났다. 그렇게 공동체는 회복되었다.

청년들과 마지막으로 여름수련회를 함께했다. 셋째 날 저녁집회 때 설교하고 기도회를 인도하는데, 하나님의 은혜가 그야말로 쏟아졌다. 모든 청년이 하나님을 만났다. 예배가 끝나고 다들 기뻐서 어쩔 줄 몰랐다. 모두 자기가 만난 하나님을 나누느라 여념이 없었다. 그렇게 방황하고 힘들어하던 청년들이 초롱초롱한 눈으로 밤새 하나님 이야기를 나누는 모습이 어찌 그리 아름다운지···.

나는 보았다. 약속을 붙들고 기도할 때 하나님의 일하심을 보았다. 예수님이 우리를 대신해 죽으심으로 교회를 세워주시고, 예수 그리스도의 반석 위에 교회를 세우심으로 음부의 권세조차 함부로 하지 못할 것을 약속하셨다. 하나님이 세우시고 하나님이 주인이시기에 결코 망하지 않으리라는 믿음을 가지고 기도했다. 홀로 기도할 때는 물론 외로웠다. 힘들기도 했다. 그러나 그때마다 하나님이 붙드셨다. 하나님이 기도의 자리에 함께하셨다. 그 시절을 지나니 하나님이 기도의 동역자를 붙여주셨다. 함께 기도하는 기쁨과 유익을 누리게 하셨다. 우리의 기도를 들으시고 일하시는 하나님을 많은 청년과 함께 보고 고백하고 간증했다.

공동체에 기도하는 사람이 없어 절망하고 있는가? 홀로 기도하고 있는가? 다행이다. 기도하는 당신이 있어서 참 다행이다. 기도하는 한 사람이면 충분하다. 하나님은 한 사람의 기도를 들으시고 역사를 이루신다. 하나님은 가장 부족한 사람의 기도를 들으시고 놀라운 일을 행하신다. 도저히 기대하지도 상상하지도 못했던 일을 내 눈앞에서 보여주신다.

나 혼자 기도한다는 것은 하나님이 나를 택하셨다는 뜻이다. 나를 택하여 하나님의 약속을 이루시겠다는 약속의 증거다. 모두 포기하고 뒤돌아설 때, 하나님은 그들을 코웃음치시며 가장 약한 사람을 세워 기도하게 하신다. 그 기도의 자리를 함께 지키시며 지속하게 하신다. 그리고 결국 하나님의 회복과 부흥을 보게 하신다. 비웃던 사람들을 민망하게 하신다. 단 한 사람이면 충분하다. 나 한 사람의 기도를 통해 하나님은 수많은 사람을 살리신다.

✳ 사업자가 아닌 사명자인 기독교서점 대표님들

코로나가 한창일 때였다. 수원에서 일을 마치고 모교인

합동신학대학원을 들렀다. 채플실에서 기도하고 갈 요량이었다. 그런데 1층 구내서점에 사람이 있었다. 코로나로 학생들이 등교하지 못하던 때라 당연히 손님이 없었는데, 서점 대표 김진하 집사님이 자리를 지키고 계셨다.

오랜만에 집사님과 근황을 나누었다. 집사님은 이른 아침부터 저녁까지 서점을 지키셨다. 늦은 밤에는 알바를 여러 개 하셨다. 서점을 지키기 위해서였다. 서점을 그만두면 더 편했다. 다른 업종으로 돈 벌 능력이 충분하셨다. 그런데 집사님은 서점을 포기하지 않으셨다. 연유를 물으니 돌아온 대답이 충격이었다.

"하나님이 저를 합신서점으로 부르셨거든요. 여기가 제 사명의 자리예요."

나는 그때 처음 알았다. 기독교서점 대표가 사명자라는 것을 말이다. 그냥 사업자라고만 여겼는데 내 착오였다. 사업자가 아닌 사명자였다. 부르심의 자리인 줄 알기에 포기하지 않으신 것이다.

집에 돌아와 고민했다. 당장 도와드릴 힘이 없었다. 서점에서 책 몇 권 사거나 후배들이 읽을 책을 선결제하는 것이 전부였다. 고민하고 있는데 내 방 책장이 눈에 들어왔다. 서가에 꽂힌 책들이 보였다. 천 권 가까운 책을 장애인 기관에 기증하고 500권이 남은 상태였다. 평생 간직하려고 남겨둔 책이다.

순간 저 책이라도 드리자는 마음으로 집사님께 연락했다. 감사하게도 중고책이라도 저렴하게 판매가 가능하다고 하셨다.

서가에 있는 책을 다 포장했다. 다음 날 합신서점에 가져다드렸다. 돈으로 보탬이 되어야 하는데 드릴 수 있는 게 책밖에 없어 죄송했다. 받아주시니 그저 감사했다. 매출에 조금이라도 보탬이 되려는 마음으로 드렸는데, 집사님은 수익금을 어려운 신학생들에게 전액 기증한다고 하셨다. 자기도 어려운데 늘 더 어려운 사역자와 이웃을 생각하시는 마음이 참 귀하고 고마웠다.

✦ 기독교서점 살리기 캠페인의 시작

뭔가 적극적인 도움이 필요하다는 생각이 들었다. 합동신학대학원 구내서점의 사정을 졸업생들에게 알려야겠다는 마음에 "두렙돈쭐 캠페인"을 시작했다. 당시 착한 가게를 돈으로 혼쭐 내주자는 의미에서 '돈쭐'이라는 말이 유행했다. 비록 우리가 사역자라 가진 것은 두 렙돈뿐이지만, 그걸로라도 합신서점을 돈쭐내주자는 의미였다. 포스터 이미지를 만들고 기수별 단톡방에 전송했다. SNS에도 적극적으로 알렸다.

여러 선배 목사님들을 비롯해 졸업하신 목사님들이 동참했다. 교수님들도 캠페인을 공유해 주셨다. 그만큼 합신서점이 우리에게 참 소중한 곳이었음을 환기시키는 계기가 되었다. 더 놀라운 것은 합신에 재학 중인 전도사님들에게도 공유되고 있었다. 어떤 전도사님은 동기 단톡방에 캠페인을 공유하며 장문의 글을 남겼다. 그 내용을 보고 큰 감동을 받았다. 그중에 참 인상 깊은 문장이 있었다.

"합신서점의 소명과 사명의 대상은 합신에 속한 우리입니다."

캠페인 소식을 들은 많은 동문이 합신서점에 연락했다. 전화로 격려하고 책을 구매하기 시작했다. 재학생 후배들 책 사는 데 써달라며 후원금을 보내주었다. 서점에 방문해 후배들 보라고 책값을 선결제했다. 이미 졸업해서 멀리 사는데, 굳이 합신서점에 방문하는 동문들의 발걸음이 이어졌다.

한번은 합신서점을 돕고 재학생 후배들을 격려하기 위해 SNS에서 모금활동을 했다. 많은 분이 동참해 주셨다. 합신과는 전혀 관련 없는 분들도 많이 참여했다. 덕분에 합신 전체 학우들에게 '합신서점상품권 2만 원'권을 배부할 수 있었다. 서점을 사랑하신 하나님의 역사였다. 김진하 집사님을 하나님이 친히 위로하셨다.

세월이 흘러 오랜만에 김진하 집사님을 뵈었다. 집사님이 내 손을 꼬옥 잡고 말씀하셨다.

"목사님, 그때 마음 모아주셔서 잘 버텼어요. 안 그랬으면 그만뒀을지도 몰라요. 이제는 알았어요. 절대로 이 사명 놓지 않을 거예요. 무슨 일이 있어도 서점을 그만두지 않을 거예요. 학교에 학생이 한 명만 남아있을지라도 끝까지 사명의 자리를 지킬 거예요."

집사님의 말에 눈물이 나려는 걸 억지로 참았다. 맞잡은 손을 꽉 쥐었다. 내가 받을 수 없는 말이었다. 그렇게 캠페인을 했지만, 서점을 유지하기 위해 집사님은 줄눈시공을 하며 투잡을 뛰셨기 때문이다. 생계가 나아질 만큼 매출로 이어지지 못했음을 잘 알고 있었다. 그럼에도 집사님은 고맙다고 하셨다. 돈이 아니라 마음이었다. 모인 돈이 아니라 모인 마음이 집사님을 붙잡았다. 집사님은 홀로 사명의 길을 묵묵히 걸어가셨다.

합신서점에서 시작된 두렙돈쭐 캠페인은 SNS를 통해 퍼져 나갔다. 나도 한 달 동안 매일 전국 각지의 기독교서점 홍보 포스터를 SNS에 올렸다. 사업자가 아닌 사명자로 홀로 고군분투하시는 기독교서점 대표님들과 함께하려는 움직임이 일어났다. 불편을 감수하고 기독교서점에 직접 가서 책을 사는 이들의 발걸음이 이어졌다. 어려운 서점과 마음을 나누려 책값을 할인받지 않고 정가대로 사는 이들도 점차 늘어났다. 동네 기독교서점에 매달 정기적으로 돈을 보내고 책을 보내달라는 교회, 교회에서 나오는 도서비로 담임목사님이 부교역자들을 데리고 서점으로 가는 교회의 소식이 들려왔다.

기독교서점에 일어난 기적

여수에서 집회를 마치고 올라오는 길에, 네비게이션에 '남원'이라는 지명이 눈에 들어왔다. 오래전부터 가보고 싶었던 남원기독교백화점이 떠올랐다. 바로 남원으로 향했다. 도착하니 대표이신 김종인 장로님이 환한 미소로 맞아주셨다. 개척교회 목사님들께 책을 선물해 주십사 작은 봉투를 드렸다. 그리고 서점을 둘러보는데 마음이 아팠다. 신간은 거의 없고 오래된 책뿐이었다. 성경 매대도 비어있었다. 열악한 상황에도 장로님은 사명의 자리를 지키고 계셨다.

집으로 올라오며 서점을 위해 기도했다. 문득 기독교서점을 돕는 캠페인을 한다고 전국 서점에서 사놓은 책이 떠올랐다.

바로 집에 가서 정리하니 새 책이 150권이었다. 두꺼운 책도 꽤 있었다. 서점에서 팔면 꽤 많은 수익이 날 것 같았다. 장로님께 책을 기증하고 싶다 연락하니 기꺼이 허락해 주셨다.

바로 다음 주에 남원으로 가 전해 드렸다. 장로님이 기쁘게 받아주셨다. 반갑게 인사하고 돌아서는데 마음에 걸리는 게 있었다. 바로 성경이었다. 텅 빈 성경 매대가 마음에 쓰였다. 하나님께 기도했다.

'하나님, 백만 원만 주시면 남원기독교서점에 성경을 보내겠습니다.'

다음 날 모르는 번호로 연락이 왔다. 어떤 권사님이 다니엘 기도회 설교에 은혜 받았다며 감사하다고 200만 원을 보내주셨다. 소름이 돋았다. 하나님의 응답이었다. 즉시 출판계에서 일하는 김재준 집사님을 통해 아가페출판사와 연결되었다. 사연을 들은 출판사가 귀한 일 한다며 격려해 주었다.

다음 날 출판사가 남원으로 성경을 보냈다. 출판사에 200만 원을 이체했는데, 360만 원의 성경을 보내주었다. 어려운 기독교서점을 돕는 일에 출판사도 동참해 주었다. 30년 넘게 한결같이 사명의 자리를 지키신 장로님께 보내는 하나님의 선물이었다.

장로님이 아침부터 전화를 주셨다. 울먹이는 장로님의 목소리에 나도 덩달아 눈물이 났다. 기독교서점을 위해 백만 원을 구했더니, 하나님은 몇 배나 더 되는 성경을 보내주셨다. 하나님의 뜻을 구했더니 놀라운 하나님의 역사를 보여주셨다.

✳ 방송을 통해 기독교서점을 알리신 하나님

"목사님, 저희가 도와드릴 수 있을 것 같아요. 기독교서점 사장님 중에 간증이 있는 분을 찾아주세요. 저희가 방송으로 기독교서점을 다시 조명해 볼게요."

CBS "새롭게 하소서" PD님의 입에서 나온 말이었다. 순간 잘못 들었나 싶었다. 그저 응원차 방송국을 방문해 근황을 나누던 중, 지역에서 교회를 지키려 고군분투하는 기독교서점 이야기를 전한 것뿐인데, PD와 작가님들이 기독교서점을 도우려 서점 사장님을 출연시키겠다는 것이다. 어안이 벙벙했다. 그저 감사하다는 말만 반복했다.

그날 이후로 기도하며 기독교서점 대표님들을 만났다. 자연스레 그분들의 지나온 삶을 물었다. 물론 간증자를 찾는다는 말은 하지 않았다. 몇몇 서점 대표님들의 이야기를 선별해 작가님에게 보냈다. 좋은 간증이었지만 뭔가 빠진 것 같았다. 분명히 예비된 간증자가 있을 것 같은데 찾기가 쉽지 않았다.

며칠 뒤 친한 선교사님의 연락을 받았다. 김포에 있는 한 미용실에 있다기에 찾아뵈었다. 선교사님의 머리를 만지던 집사님이 내 머리도 예쁘게 다듬어주셨다. 돈을 안 받으신다고 하여 내 책을 드려야겠다고 생각했다.

급하게 인근 기독교서점에 갔다. 서점 대표님과 잠시 인사한다는 것이 길어졌다. 마음에 감동이 왔다. 이분이구나 싶었다. 서점 대표님의 이야기를 정리해 작가님께 보냈다. 추천해 드린 분들 중에 PD와 작가님들이 회의를 거쳐 그분을 출연자로 결정했다. 그렇게 김포큰사랑기독교백화점 이명구 장로님이 "새롭게 하소서"에서 출연했다. 우리가 잊고 지내던 기독교서점의 가치가 다시 조명되었다. 방송 이후 여러 교회와 성도님들의 발걸음이 기독교서점으로 이어졌다. 우리에게 소중했던 그곳을 다시 찾고 있었다. 얼마나 감사한지 몰랐다.

나는 아무 힘이 없기에 만나는 사람들에게 기독교서점을 알렸을 뿐인데, 하나님이 특별한 길을 내주시니 참 감사했다. 계속 기도하며 전했다. 낮은 데서 고군분투하시는 이 땅의 작은 예수를 응원한다.

✳ 기독교서점협회 총회

"감히 부탁드립니다. 버텨주십시오. 하나님의 약속은 반드시 이루어집니다."

전국 기독교서점 대표님들이 모인 자리, 설교단에서 내가 감히 부탁드렸다. 60년이 넘는 세월 동안 성전에서 주야로 금식하던 안나가 하나님의 약속을 끝까지 붙듦으로 약속의 성취를 보았듯, 우리도 버티자고 했다. 처음 우리에게 주신 약속이 반드시 이루어질 것을 믿음으로 선포했다. 장내는 그야말로 눈물바다가 되었다. 오래전 주님의 약속을 다시금 가슴에 품었다.

설교 후 한 기독교서점 대표님이 강단에 올라 그간의 고충을 이야기했다. 서점 운영이 너무 어려워 폐점을 고민하며 아내에게 고민을 토로하셨다고 했다.

"여보, 이제 사람들도 찾지 않고 운영이 너무 어려우니 서점을 그만 접읍시다."

"난 그럴 수 없어요. 하나님이 주신 사명인데 끝까지 버텨야지요. 어렵다고 신앙을 버리지 않잖아요."

아내의 말에 정신이 번쩍 들었으나, 그래도 쉽지 않으셨다. 그만두고 싶었는데, 오늘 설교를 듣고 결심했다고 하셨다. 끝까지 서점을 운영하겠다고, 사명의 자리를 끝까지 포기하지 않기로 굳게 다짐하셨다고 했다. 단체사진 촬영 후 연로하신 권사님이 내 손을 잡아주셨다. 굵은 눈물을 뚝뚝 흘리며 말씀하셨다.

"안나 선지자보다 덜하지만, 저도 48년 동안 하나님의 약속을 붙잡았어요. 남편이랑 48년간 기독교서점을 운영했어요. 그런데 남편이 먼저 하늘나라로 갔어요. 이제 저 혼자 운영해요."

나는 권사님의 손을 꼭 잡고 같이 울었다. 그 사연이 너무 아파서, 그 헌신이 너무 고마워서 울었다. 이어서 서점 대표님들이 내 손을 꼭 잡아주셨다. 하나님이 주신 은혜를 나눠주셨다. 지역에 오면 꼭 들르라며 명함을 주셨다.

아침 폐회예배에 하나님이 주신 은혜가 너무 커서, 우리 안에 일어난 역사가 놀라워서 믿기지 않을 지경이었다. 사업이 아니라 사명이었기에, 아무도 찾지 않을지라도 그 자리를 지키시는 문서선교사님들에게 사랑과 존경의 마음을 전한다.

✣ 신학대학교의 남은 자들

한 신학대학교가 대순진리회에 넘어갈 위기였다. 신학생

들은 절망하며 절규했다. 데모하며 학교를 지키려 몸부림치는 이들이 있었다. 그때 학교를 위한 자발적인 기도회가 시작되었다. 두 사람이 모여서 학교의 아픔을 주님께 올려드렸다. 학교는 결국 대순진리회로 넘어갔다. 기독교 언론에서 대서특필했지만 그때뿐이었다. 모두의 뇌리에서 사라졌다.

    5년이 흘렀다. 사람들의 기억에서 잊혀졌는데, 여전히 학교를 위해 기도하는 사람들이 있었다. 두 사람에서 시작된 기도회에 점차 신학생들이 모이기 시작했다. 두 명이 열 명이 되고, 열 명이 쉰 명이 되고, 백 명 가까운 사람들이 모이기 시작했다. 학교를 위해 자발적으로 기도했다. 기도회에 외부강사를 모실 재정이 없었다. 학생들이 밥값을 아끼고 커피를 덜 마셔가며 재정을 모았다. 그렇게 기도회의 명맥을 5년이나 이어왔다.

    기도회를 처음 시작한 두 분 중 한 분을 만났다. 신대원에 재학 중이라기에 학교의 근황을 물었더니, 그곳에 남은 자들 이야기를 들려주었다. 그런 취지의 기도회라면 사례 없이 헌신할 강사들이 많을 거라고 말해 주었다. 연속집회를 할 수만 있다면 나도 당연히 가고, 내가 아는 분들도 소개해 주겠다고 했다.

    내 이야기를 듣던 전도사님은 그 자리에서 여기저기 전화를 걸기 시작했다. 그 자리에서 한 달 연속집회가 결정되었다.

며칠 후 강사가 모두 섭외되었다는 연락을 받았다. 강한별 예배자, 달빛마을, 러빔까지 청년세대가 가장 사랑하는 사역자님들이 기꺼이 자원해 주셨다고 했다. 너무 기뻤다. 그런 귀한 분들 사이에 내가 강사로 끼니 민망하고 부끄러웠다. 그렇게 시작된 연속집회에 매주 하나님이 큰 은혜를 주셨다는 소식이 들려왔다. 하나님께 감사했다.

마침내 마지막 주자로서 내 차례가 다가왔다. 어느 집회든 큰 부담이 있는데, 기도회에 대한 부담감이 너무 컸다. 집회 시작 전에 먼저 가서 기도하려고 집회 장소로 향했다. 학교 입구로 들어서자마자 마음이 울컥했다. 학교를 보는데 그냥 눈물이 났다. 마음이 너무 아프고, 숨이 턱 막히는 것 같았다. 차 안에서 한 시간 동안 하나님께 간절히 기도했다.

시간이 되어 채플실로 올라갔다. 강사대기실에 들어서자 깜짝 놀랐다. 학우들이 환영한다며 내 얼굴을 화이트보드에 그린 것이다. 실물보다 나았다. 오늘 기도회를 위해 학교 졸업생들이 도시락을 준비했다고 했다. 후배들을 향한 선배님들의 마음에 뭉클했다. 여전히 학교를 사랑하고 기도하는 사람들이 학교 밖에도 있었다.

기도회의 자리에 섰다. 신학대학교의 '남은 자'인 전도사님들을 보는데 뭉클했다. 그 모습이 어찌나 아름답던지 절로 눈물이 났다. 함께 말씀을 나누었다. 하나님의 약속을 홀로 붙들고 60년이 넘는 세월 동안 성전에서 기도한 안나 선지자가 마침내 약속의 성취인 예수님을 보았듯, 우리도 하나님의 약속을 붙들고 기도의 자리를 지키자고 했다. 안나 '한 사람'의 기도를 들으신 하나님께서 신학대학교의 '남은 자'들의 기도를 들으시고 반드시 약속을 이루실 거라 전했다. 암흑기라던 중간기 시대에도 여전히 안나 선지자를 통해 일하신 하나님께서, 지금도 이곳에서 일하고 계심을 믿음으로 선포했다.

함께 합심하여 기도했다. 우리의 부르심은 대로가 아닌 좁은 길임을 전했다. 큰 복을 받아 안정된 대로를 걸어가는 것이 아니라, 좁고 협착한 길일지라도 하나님의 약속을 붙드는 길을 가길 기도했다. 비록 혼자더라도 하나님의 약속을 붙들고 끝까지 기도하여, 약속을 성취하실 하나님 보기를 간구했다. 그것이 우리의 부르심이요 가장 강력한 기쁨임을 고백했다. 주께서 크신 은혜로 함께하셨다. 우리의 눈물을 기도 삼아 올려드렸다.

예배를 마치고 내려가려던 나를 전도사님들이 붙잡았다. 전도사님들이 스마트폰 후레쉬를 켜고 나를 향해 축복송을 불러주었다. 눈물을 억지로 참으며 전도사님들의 얼굴을 바라보았다. 그 모습을 기억하고 싶어서 한 사람 한 사람 눈에 아로새

겼다. 전도사님들이 합심해 나를 위해 기도해 주었다. 보통 그런 상황이면 나를 위해 기도해 주시는 분들을 향해 기도하는데, 그냥 나를 위해 기도했다. 처음이었던 것 같다. 그렇게 모든 이의 기도와 사랑을 받았다.

전도사님들과 단체사진을 찍었다. 하나님께 받은 은혜로 빛나는 눈들을 바라보는 것만큼 들뜨는 일도 없다. 그렇게 환하게 웃으며 사진을 찍었다. 하나님나라의 남은 자들과 영원한 추억을 남겼다. 졸업한 동문들이 도시락을 준비했다는 소식에 전도사님들이 환호성을 질렀다. 학교에 대한 자부심은 이런 데서 나오는 것 같다. 모두 어렵지만 그럼에도 나눌 때 그 사랑이 우리를 환하게 만든다.

나는 믿는다. 하나님이 남은 자들의 기도를 결코 외면하지 않으시리라 믿는다. 그 기도를 시작하게 하신 이가 하나님이기 때문이다. 부디 신학생들의 오랜 간절한 부르짖음을 먼저 간 우리가 외면하지 않으면 좋겠다. 교단이 다르고 나와 상관없다고 외면하지 않으면 좋겠다. 먼저 간 믿음의 선배로서, 어른으로서, 함께 짐을 지면 좋겠다. 그날에 약속을 성취할 후배들과 함께 기뻐할 믿음의 선배들이 많아지기를 간절히 소망한다.

❋ 강단에서 통곡한 담임목사님

집회차 LA에 갔다. 그곳에서 아픔이 많은 교회들의 이야기를 들었다. 분열되고 깨지고 없어진 교회가 그렇게 많은 줄 몰랐다. 그럼에도 교회를 지키려 끝까지 남은 성도들의 이야기에 마음이 미어졌다. 그곳에서 한 목사님을 만났다. 첫 만남인데 환대해 주셨다. 목사님은 교회 이야기를 들려주셨다. 교회는 말로 다할 수 없는 고난을 통과하는 중이었다. 나를 새벽예배 설교자로 청해 주셨다.

그 교회의 새벽예배에 갔다. 큰 상처에도 불구하고 하나님의 약속을 붙들고 기도한 안나 선지자의 삶을 설교했다. 가난한 과부임에도 선지자로 불린 그녀의 삶을 전했다. 결국에는 약속을 이루신 하나님을 만난 안나 선지자처럼 부르심의 자리를 지키자고 했다. 하나님이 큰 은혜를 주셔서 성도들의 상한 마음을 위로하셨다.

설교를 마치고 담임목사님이 강단에 올랐다. 뭔가 말씀하시려다 말을 잇지 못하시더니 이내 눈물을 보이셨다. 눈물이 그칠 줄 몰랐다. 그렇게 담임목사님과 성도들이 한참을 하염없이 울었다. 그 눈물이 상한 심령을 치유했다. 공동체의 아픔과 상처를 치유했다. 그렇게 우리 모두 하나님을 만났다.

✤ 큰 상처를 입은 교회로 부르신 하나님

한 교회에서 강사 섭외 전화를 받았다. 나는 흠칫 놀랐다. 기독교 뉴스에서 봤던 교회였다. 큰 분쟁으로 이슈가 된 교회다. 나는 잠시 기도하며 하나님의 뜻을 구했다. 목사님께 가겠다고 대답했다.

유튜브로 교회의 상황을 찾아보았다. 예배 시간이 그야말로 아수라장이었다. 한쪽은 자신의 주장을 관철시키려 수단과 방법을 가리지 않았다. 예배 시간에 설교자를 끌어내리려 하고 북과 징을 치며 방해했다.

다른 편 사람들은 일방적으로 당하기만 했다. 그중에는 내게 전화하신 목사님의 모습도 보였다. 반대 측 사람들이 소리치고 멱살을 잡아도 다들 가만히 있었다. 묵묵히 인내했다. 그 모습을 본 순간 알았다. 당하는 이들이 하나님의 사람들이었다. 하나님을 믿는다면 저런 식으로 예배를 방해할 리 없었다. 하나님의 사람이라면 결코 그럴 수 없었다.

사랑은 온유하고 무례히 행하지 않는 것이라고 했다. 사람은 마음에 쌓은 것에서 선과 악을 낸다고 했다. 그 입에서 욕과 저주를 내뱉는 이들은 하나님의 사람이 아니었다. 하나님의 이름을 망령되이 일컫는 이들은 성도가 아니다. 하나님을 위해 인내하는 이가 성도다. 누가 옳은지 분별할 수 있었다. 그런 의미에서 그 교회에 설교하러 가는 것은 옳은 선택이었다.

약속된 날 교회로 향했다. 목사님께 교회 이야기를 굳이 묻지 않았다. 예배가 시작되었다. 성도들의 찬양이 뜨거웠다. 그만큼 간절했다. 강단에 올라 말씀을 전했다. 큰 어려움이 있는 공동체에서 사역했던 내 이야기를 나누었다. 기도하는 사람 하나 없을 때 홀로 기도의 자리를 지켰던 시절을 담담히 전했다. 한 사람의 기도를 들으시고 공동체를 회복하신 하나님 이야기에 곳곳에서 눈물이 터졌다.

바로 기도회가 시작되었다. '폭포수 같은 은혜'라는 말을 체험했다. 망연자실할 상황에서도 여전히 일하시는 하나님을 바라보았다. 여전히 교회를 사랑하시고 교회를 지키시며 '내 교회'를 세우시는 예수님을 바라보았다. 다시 예전처럼 모두 함께 웃으며 얼싸안고 예배할 날을 믿음으로 선포했다. 모두 대성통곡하며 울고 또 울었다. 기도라기보다는 울부짖음에 가까웠다. 우리의 마음을 다 쏟아내었다. 마음속 응어리가 풀어지는 순간이었다.

목사님이 나를 배웅해 주셨다. 내 손을 꼭 잡아주셨다. 나도 목사님의 손을 힘껏 잡아드렸다. 돌아오는 차 안에서 기도했다. 나였으면 그 상황을 버티지 못했을 것 같은데, 그럼에도 묵묵히 자리를 지키시는 목사님과 성도들을 위해 기도했다.

✳ "협박을 받을 수도 있습니다"

　큰 아픔의 시간을 지나던 교회에서 6개월 만에 다시 연락이 왔다. 담임목사님이 또 설교를 부탁하셨다. 그런데 일정이 맞지 않았다. 목사님은 내가 가능한 날을 물었고, 그날로 일정을 잡았다.

　목사님이 나를 걱정하셨다. 최근에 설교하러 온 외부강사 중에 협박받은 이가 있다는 것이다. 반대 측의 험한 전화와 거친 메시지로 강사가 큰 곤욕을 치렀다고 했다. 그런 연유로 강사들이 오기를 꺼린다는 사정을 말씀하셨다. 그러니 내게도 협박 메시지나 연락이 갈 수 있다고 하셨다. 나는 괜찮다고 말씀드렸다. 가라는 감동을 주셨으니 그저 순종할 따름이었다.

　그렇게 6개월 만에 다시 그 교회를 찾았다. 눈앞에 펼쳐진 광경은 그야말로 참담했다. 하나님의 영광을 가리는 현수막이 더 많아졌다. 문구도 더 험악해졌다. 그런데 마음은 전보다 평안했다. 이상하리만치 차분했다.

　담임목사님은 지난 3주간 새벽과 금요일 밤에 "새이레 기도회"를 진행했다고 하셨다. 내가 마지막 날 강사였다. 그 연유를 알려주시는데 울컥했다. 처음부터 내가 가능한 일정을 마지막 날로 잡아서 새이레 기도회를 시작하신 것이다. 일정을 정하고 강사를 초청한 것이 아니라, 강사를 먼저 청하고 강사의 일정에 맞춰 기도회를 기획하셨다. 그러니 내 마음이 더욱 간절해질 수밖에 없었다.

그렇게 강단에서 복음만 전했다. 십자가만 선포했다. 그 어떤 위로나 격려의 메시지보다 십자가가 사람이 풀 수 없는 매듭을 푼다고 믿었기 때문이다. 합심하여 기도할 때는 그야말로 대성통곡했다. 교회가 처한 상황이 아파서가 아니었다. 그리 아니하실지라도 여전히 나를 구원하신 주님의 사랑이 고마워서 펑펑 울었다. 우리 가운데 베푸신 하나님의 은혜가 약속으로 다가왔다. 하나님이 여전히 이 교회에 계심이 확실하니 감격의 눈물이 쏟아졌다. 그렇게 우리 모두 뜨겁게 하나님을 만났다.

이틀 뒤 주일에 그 교회 담임목사님의 설교를 들었다. 목사님이 설교 중 내 이야기를 나눠주셨다.

지난번에 금요기도회를 인도하러 오신 외부강사 목사님에게 전화가 왔다고 합니다. "그 교회 담임목사가 어떤 사람인지 아십니까? 그 성도들은 이떤 사람들인지 알고 가서 설교를 하시는 겁니까?" 그뿐 아니라 이웃 교회 성도들까지 동원해 외부강사에게 협박 전화와 문자를 보냈습니다. 또 강사 목사님 교회의 장로님들 전화번호까지 알아내 똑같은 행동을 했습니다. 온갖 방법을 동원해 우리가 하는 일을 방해하고 어렵게 하고 있습니다. 그 목사님 다음으로 집회에 오시는 서진교 목사님께 제가 연락드렸습니다.

"목사님, 목사님이 우리 교회에 오시는 걸 방해하는 세력이 알게 되면 전화가 갈 수도 있고 협박을 받을 수도 있습니다. 만에 하나 그런 것 때문에 못 오실 상황이면 아예 지금 못 온다고 말씀해 주시는 게 좋겠습니다."

저도 모르게 그게 트라우마가 되어버렸습니다. 제게 상처가 된 것 같습니다. 서진교 목사님이 제게 말씀하셨습니다.

"목사님, 저는 오란다고 아무 데나 가지 않고, 오지 말란다고 가지 않는 목사가 아닙니다. 하나님의 부르심으로 알고 귀한 말씀 전하러 가겠습니다."

그렇게 서진교 목사님이 오셔서 메시지를 전해 주셨습니다. 지난 금요일 밤 정말 뜨거운 복음을 들었고, 뜨거운 회개의 눈물을 쏟았습니다.

여전히 분쟁 중이고 큰 아픔을 겪고 있는 교회에서 하나님은 역사하셨다. 내가 한 일은 아무것도 없었다. 하나님의 약속을 붙들고 기도하는 목사님과 성도들의 기도를 들으신 하나님의 은혜였다. 성도들이 눈물로 드린 기도에 응답하심이었다.

얼마 후 그 교회 소식이 들려왔다. 담임목사님 측이 재판 1심에서 승소했다는 것이다. 얼마나 기쁘실까. 목사님이 이제 한숨 돌리셨겠지 싶었다. 모든 고난의 강을 통과한 그날, 우리 다시 기쁨으로 해후할 날이 오리라 믿는다.

✳ 떠나고 싶으면 머물 때고, 머물고 싶으면 떠날 때다

사역을 하다 보면 떠나고 싶을 때가 있다. 전과 같은 열정이 사라졌거나 사람들과의 관계가 힘들 때 떠날 생각을 한다. 그런 고민을 하는 후배를 만나면 조언하기가 어렵다. 그간의 고민과 상처의 무게를 조금은 알기 때문이다. 후배의 말을 한참 듣고는 내 경험을 조심스레 이야기했다.

"너무 힘들어서 떠나고 싶을 때는 하나님이 버티라는 응답을 주시더라. 죽을 만큼 힘든 날들을 기도하며 버티고 버텼어. 버틴 게 전부였어. 기어이 하나님이 일하시더라. 어떤 때는 너무 남고 싶었어. 그간 고생해서 많은 열매를 맺었고, 더 큰 일을 할 수 있을 것 같았거든. 그런데 하나님이 그곳에서 사명이 끝났으니 떠나라고 하시더라. 그래서 떠났어. 춥고 힘겨운 시기를 지나야만 했어. 그 시기를 버티고는 상상도 못한 하나님의 일하심을 보았어. 내 경험상 떠나고 싶으면 머물 때고, 머물고 싶으면 떠날 때야."

하나님이 있으라 하신 곳에 있을 때 행복하다. 그곳에 하나님이 함께하시기 때문이다. 큰 교회를 담임한다고 다 행복하지 않고, 작은 교회를 담임한다고 다 불행하지 않음을 보았다. 규모가 문제가 아니었다. 하나님이 있으라 하신 곳에 있는 사역자가 행복하다. 사명의 자리를 끝까지 버틸 때 하나님의 역사를 본다. 다 이루었으니 떠나라고 하실 때 홀가분하게 떠나자. 더 놀라운 하나님의 역사가 펼쳐진다.

나를 살린
기도 나눔

　안나는 주야로 금식하며 기도했다. 어쩌면 과부였기에 형편상 불가피했는지도 모른다. 그럼에도 안나는 자신의 처지를 원망하지 않았다. 안나는 기도 응답, 문제 해결에 의지해 살지 않았다. 기도 자체로 살았다. 기도할 수 있음이 응답이요, 숨 쉬는 시간이었다. 그래서 안나는 평생 기도하며 하나님과 동행했다. 예수님이 하나님 아버지를 사랑하시어 늘 기도했듯, 안나도 하나님이 좋아서 평생 기도했다. 그런 안나를 하나님이 돌보셨다. 과부 안나는 굶어 죽지 않았다.

1. 기도 응답이 더뎌도 기도하면 버틸 수 있고, 고난 중에도 기뻐할 수 있다. 삶의 위기와 마음의 우울함 가운데 기도로 인내한 경험을 함께 나누어보자.

2. 하나님은 우리의 필요를 채우신다. 사람의 힘으로 해결할 수 없는 문제를 해결해 주신다. 기가 막힐 웅덩이에서 건져내신 하나님 이야기를 함께 나누어보자.

3. 우리는 힘겹게 하는 사람을 늘 마주하고 살아야 한다. 도저히 풀 수 없는 인간관계를 놓고 기도할 때, 묶인 것을 푸시는 하나님을 만난다. 인간관계에서 하나님의 도우심을 경험한 이야기를 함께 나누어보자.

Life-Giving Prayer

3부

마침내, 약속의 성취를 보다

Anna's Prayer 6

무시하는 사람들을
돌이킨 '선지자' 안나

안나는 평생 성전을 지켰다. 아침 저녁으로 금식하며 기도했다. 그뿐 아니라 오실 메시아의 약속을 사람들에게 전했다. 사람들과 소통했다는 의미다. 그런데 안나는 과부였다. 사람들에게 무시당할 수밖에 없었다. 조소와 질시를 감수해야만 했다. 안나에게 쓸데없는 말을 하는 사람도 많았을 것이다. 남편을 떠나보낸 것을 안나의 탓으로 돌리는 허무맹랑한 이야기도 사람들 사이에 오갔을 것이다. 안나의 상처를 후벼파는 사람들도 있었을 것이다.

세월이 흘렀다. 사람들은 안나를 가리켜 '선지자'라고 불렸다. 선지자는 남자들에게나 해당하는 말이었다. 남성의 전유물이었다. 구약에 여성 선지자는 거의 없다. 그런데 사람들은 안나를 선지자로 여겼다. 안나는 보통 여자도 아닌 과부였다. 아무런 힘도 없는 여인이었다. 그런 안나를 사람들은 존중했고 선지자로 칭송했다. 안나가 전하는 메시지에는 힘이 있었다. 오실 메시아의 약속은 사람들 사이에서 점점 퍼져 나갔다.

안나는 모진 세월을 견뎌낼 수 있었다. 사람들의 핍박에도 사명의 자리를 지킬 수 있었다. 왜냐하면 날마다 기도했기 때문이다. 기도했기에 사람들을 견뎌낼 수 있었다. 사람들의 손가락질과 차가운 눈빛을 참아낼 수 있었다. 날마다 하나님을 대했기에 사람들을 대할 수 있었고, 사람 때문에 사명을 포기하지 않을 수 있었다. 하나님 때문에 사명의 자리를 평생 지켜냈다.

✳ 기도하는 사람들에게 받은 상처

한창 기도하던 사람들이 세월이 흐르며 기도를 내려놓는다. 기도하는 가운데 절망했기 때문이다. 기도가 응답되지 않아 낙심하고 좌절한 경험이 있기 때문이다. 예수 믿으면 복 받는다는 기치 아래 한국 교회는 급속도로 성장했다. 예수님을 믿으면 모든 문제가 해결되고 잘 살 수 있다는 교회의 메시지는 절망에 빠진 이들을 위로했다. 희망의 메시지로 작용했다. 많은 사람을 교회로 인도하고 삶을 변화시켰다.

그러나 부작용이 있었다. 신앙의 실패자를 양산한 경향이 있다. 기도하면 모든 문제를 극복할 수 있고, 응답받을 수 있고, 고난 가운데서 벗어날 수 있다고 믿었다. 간절히 부르짖으면 하나님이 응답하시고 도와주신다고 믿었다. 맞는 말이다. 간절한 기도를 하나님이 들으시고 분명히 도우신다. 그런데 하나님의 뜻과 섭리라는 것도 분명 있다. 하나님이 허락하신 때라는 게 있다. 그것을 기다리고 인내할 수 있어야 한다.

오늘날 우리의 기도 모습을 보면 하나님의 섭리를 기다리기 어려워한다. 심지어는 꺼리기도 한다. 기도로 어떻게든 빨리 문제에서 벗어나 고통에서 해방되기를 원한다. 더 나아가 단순히 문제 해결만이 아니라 개인의 성공을 위해 기도하는 우리의 모습을 부인할 수 없다.

'기도하면 응답된다'는 말은 매우 강력한 기도의 동력이 되기도 하지만, 아무리 열심히 기도해도 '지금' 응답되지 않을 수 있다는 사실을 간과했다. 분명 하나님의 때가 있고, 그때를 기도하며 기다리는 사람이 있는데, 곁에서 비난하고 손가락질하는 사람들이 있다.

"네가 기도하지 않아서 고난당하는 거야. 기도가 부족해서 지금도 문제 가운데 있는 거야!"

사람들의 손가락질이 엄연히 존재한다. 지금 당장 겪고 있는 고난도 힘든데, 사람들의 따가운 눈총을 감수해야 한다. 사람들의 가시 돋친 말과 눈빛이 더 힘들다. 하나님의 때를 지나고 있는데, 섭리하심을 믿고 기다리는데, 신앙의 실패자로 간주한다. 기도하지 않는 게으른 사람으로 치부다. 그러니 어떻게 기도의 자리를 계속 지킬 수 있겠는가? 어려움 당할 때 함께 손잡고 기도해 주고, 어려움 당한 이에게 손을 보태지는 못할망정, 멀찍이서 지켜보다가 잠시 다가와 "기도하지 않아서 그런 거예요" 한 마디 남기고 돌아선다.

어려움에 처한 이를 위해 기도하겠다 약속하지만 새까맣게 잊고 산다. 그렇게 기도 가운데 좌절과 절망을 맛보고 기도를 놓아버린 사람들이 매우 많다. 기도는 하나님과의 교제이고, 함께 호흡하며 걷는 것이다. 기도에 대한 잘못된 고정관념이 기도의 본질을 놓치게 한다. 기도를 단순히 문제 해결의 창구로만 여긴다. 기도를 통해 하나님을 삶의 목적이 아닌 도구로 삼으려 한다.

CBS의 "새롭게 하소서"에 출연했을 때였다. 방송이 나간

후 모르는 번호로 전화가 왔다. 한 번도 만난 적 없는 어떤 권사님의 전화였다.

"안녕하세요, 혹시 서진교 목사님이신가요?"

맞다고 대답하니 권사님은 바로 눈물을 터뜨리셨다. 권사님이 들려주신 이야기가 마음을 참 아프게 했다. 권사님은 딸이 하나 있다. 30세 된 청년이었다. 딸이 중학생 때 뇌전증 발작이 시작되었다. 거품을 물고 쓰러지는 날이 많았다. 딸은 어려운 가운데서도 열심히 공부해 대학에 갔다. 졸업 후에는 회사에 취업했다. 그런데 회사에서 뇌전증 발작이 일어났다. 일하다가 갑자기 거품을 물고 쓰러지니 계속 다닐 엄두가 나지 않았다. 다니던 회사를 그만두고 좀 쉬다가 다시 새로운 회사에 들어가는 일이 반복되었다. 회사에서 발작을 하니 직장생활을 오래 지속할 수 없었다. 결국 딸은 절망에 빠졌다. 회사도 가지 않고 집에서 홀로 지낸 지 오래였다.

딸을 안타깝게 지켜보던 권사님이 방송에서 내 간증을 들으셨다. 내 딸이 뇌전증이라는 이야기에 마음이 동하셔서, 내 연락처를 수소문해 전화하신 것이다. 권사님은 더 충격적인 이야기를 들려주셨다.

"목사님, 제가 30년 넘게 섬기는 교회가 있습니다. 신앙생활을 시작한 이래로 평생 다닌 교회입니다. 그리고 거기서 권사 임직을 받았습니다. 그런데 우리 교회에서 제 딸이 뇌전증이라는 걸 아는 사람이 하나도 없습니다. 그 아이가 뇌전증으로 고생하고 있는 것을 아는 사람이 없어요."

충격이었다. 어떻게 평생 섬긴 교회에서 그 사실을 모를 수 있단 말인가. 교회가 성도에게 어찌 이리도 무관심할 수 있을까 싶었다. 그런데 성도들의 무관심 문제가 아니었다. 이어진 권사님의 이야기가 더 충격적이었다.

"왜냐하면 제가 교회에 알리지 않았기 때문입니다. 제가 우리 성도들에게 알리지 않았습니다. 제 딸이 뇌전증인 걸 교회에 알리면 힘들어질 테니까요. 성도들이 알면 제가 손가락질받을 걸 알았습니다. 제가 정죄받을 걸 알았어요. 제 죄 때문에 제 딸이 뇌전증 환자가 되었다는 말을 들을 걸 알았습니다. 제 죄 때문에, 제가 큰 죄를 저질러서 제 딸이 그랬을 거라는 이야기가 돌 걸 알았습니다. '권사님에게 무슨 문제가 있어서 그렇겠지. 기도해 봐. 하나님이 고쳐주실 거야. 권사님이 기도하지 않아서 그래.' 그런 말을 들을 걸 알았기 때문입니다. 그게 너무 싫고 고통스러워서, 아무에게도 알리지 않았습니다."

권사님의 이야기를 듣는데 마음이 무너지는 것 같았다. 평생 섬긴 교회요 사랑하는 교회에서마저 자신의 가장 큰 아픔을 나눌 수 없는 현실이 너무 아팠다. 누구에게도 말하지 못한 채 30년 넘도록 혼자 끙끙거리며 아파하는 권사님이 너무 불쌍했다. 해줄 수 있는 것이 없었다. 그저 수화기를 붙들고 권사님을 위해 기도해 드리는 게 전부였다. 기도 한 구절 한 구절이 끝날 때마다 울먹이는 소리가 들렸다. 그렇게 권사님은 펑펑 우셨다. 생면부지인 목사에게 평생 누구에게도 하지 못한 이야기를 꺼내셨다.

권사님의 이야기는 단순히 한 사람만의 이야기가 아니다. 오늘날 교회 안에 이런 일이 얼마나 많은지 모른다. 아픔이 반복되고 있다. 지독한 상처 가운데 내버려진 이들이 아주 많다.

우는 자들과 함께 울기 어렵다. 고통이 전이되기 때문이다. 슬픔이 내 마음을 비집고 들어온다. 그래서 하나님의 공의를 선포하는 게 편하다. 나쁜 감정을 훌훌 털고 뒤돌아서니 마음도 편하고 스스로 의로워진 것도 같다.

하나님의 공의에는 대전제가 있다. 바로 십자가다. 죄로 인해 죽어 마땅한 우리를 위해 하나님은 처음부터 독생자를 보내기로 하셨다. 하나님은 "내 창자가 들끓으니 내가 반드시 그를 불쌍히 여기리라"(렘 31:20) 말씀하셨다. 아들이신 예수님은 이 땅에 내려와 창자가 끊어지는 고통의 긍휼로 우는 자들과 함께 우셨다.

하나님의 의로움을 변호하려던 욥의 친구들을 보며 하나

님은 노하셨다. 너희의 말이 욥의 말같이 옳지 않다고 하셨다. 하나님이 원하시는 건 하나님 변호가 아니다. 우는 사람 변호다. 하나님이 보여주시고 말씀하신 대로, 주님과 함께 우는 자들과 함께 울어야 한다. 눈물을 닦으시는 이도 그치게 하시는 이도 주님이심을 믿고 기다릴 뿐이다.

✣ 사람과의 관계를 지켜주는 기도

여러 번 신뢰를 깨뜨린 사람이 있다. 더는 방치할 수 없었다. 상대가 불편할 수 있는 말을 해야만 했다. 자칫 사람을 잃을 수도 있었다. 감정이 상한 터라 바로 말하면 실수할 것 같았다. 그 자리에서 한 시간을 기도했다. 주님의 지혜와 도우심을 구했다.

차분해진 마음으로 상대에게 연락해 조심스레 말을 건넸다. 순간순간 내가 생각해낼 수 없는 지혜로운 말이 떠올랐다. 상대의 감정선을 건드리지 않으면서 차분히 현실을 직면하게 했다. 서로 감정이 상하지 않은 채 일이 잘 해결되었다. 그렇게 신뢰가 회복되고 잃을 뻔한 사람도 되찾았다.

하나님의 뜻을 선택한다는 것은 한참 고민하다가 감으

로 찍는 것이 아니다. 충분한 기도가 전제되어야 한다. 기도 없는 선택과 말에는 반드시 실수가 따른다. 기도로 준비하지 않은 채 어떤 중요한 선택이나 말을 해서는 안 된다. 양단간에 어떤 것을 선택해도 기도 없이는 소용없다. 어느 길이든 하나님이 함께하시지 않기 때문이다. 그래서 늘 기도한다. 기도하면 내가 선택하지 않아도 하나님이 인도해 주신다. 내가 선택하면 상황이 꼬이지만, 기도하면 상황이 풀린다.

✳ 욕하는 사람이 두려운 게 아니라
기도하지 않을 내가 두렵다

죽을 사람을 구해 주었더니 보따리 내놓으라는 경우를 참 많이 겪었다. 이용도 많이 당했다. 모르고 당할 때는 덜 아프기도 하고 스스로 합리화하기도 했다. 그런데 하도 당하니 이제는 안다. 알고 당하면 더 아프고 억울하다. 기도하며 인내하는 것이 참 힘들다.

아무리 상대에게 선을 행하고 최선을 다해도 욕을 먹는 건 어쩔 수 없다. 물론 사람이기에 부족한 부분이 있어 욕도 먹겠지 싶다. 그런데 정말 악의를 가지고 거짓말을 일삼는 사람도 있다. 그 심리를 이해할 수 없다.

때론 의지하던 사람에게 맞을 때가 있다. 그럴 때면 속절없이 무너졌다. 허망해서 대꾸할 힘도 나지 않았다. 그냥 힘없이 무너졌다. 그런데 기도하면 버틸 수 있었다. 더 세게 맞아도 기도하면 잘 버텼다. 내가 의지하는 하나님께 맞을 일은 없기 때문이다. 사람은 내 발등을 찍지만, 주님은 원수를 내 발등상 되게(정복과 승리) 하셨다.

욕먹는 건 두렵지 않았다. 다만 기도하지 않을 내가 두려웠다. 기도하지 않아 격동할 내 마음이 염려되었다. 늘 기도로 깨어 있어 하나님의 붙드심을 의식하기만 바랄 뿐이었다. 질시와 조소의 눈으로 나를 바라보는 사람들이 아니라, 사랑과 자비의 눈으로 바라보시는 주님을 바라보았다. 그저 하나님의 감찰하심을 믿고 기다렸다. 죽을 것 같았던 시간이 지나갔다. 결국 하나님은 옳고 그름을 모두에게 밝히 보여주셨다.

✳ 날마다 하나님을 대함은 사람을 대하기 위해서다

믿었던 사람에게 배신당한 적이 있다. 그 사람이 그럴 줄 몰랐는데, 큰 아픔을 안겨주었다. 당장이라도 그곳을 떠나고 싶었다. 그런데 그럴 수 없었다. 떠날 수 있는 상황도 아니었지만, 무엇보다 지금 떠나면 안 될 것 같았다. 하나님의 뜻이 있는 것 같았다. 아내도 같은 응답을 받았는지, 내가 그렇게 힘들어하면 당연히 당장 떠나라고 할 텐데 이번만큼은 함께 기도하며 기다리자고 했다.

기도하며 기다리는 것은 좋다. 그런데 문제는 보기 싫은 사람을 계속 보아야 한다는 것이다. 그 일이 죽기보다 싫었다. 그래서 새벽마다 간절히 기도했다. 하나님의 도우심을 구했다. 그 사람을 치워달라, 심판해 달라는 기도는 하지 않았다. 용서할 힘도 구하지 않았다. 그저 당장 버틸 힘을 구했다. 그를 견뎌낼 힘을 간구했다. 그렇게 간절히 기도하고 그를 마주하면 이상하리만치 평안했다. 화도 미움도 울분도 온데간데없이 사라졌다. 그냥 평상시처럼 대할 수 있었다. 오히려 더 도와야겠다는 마음에, 뒤에서 모르게 많은 것을 도왔다. 새벽마다 하나님을 대했더니 사람을 대할 수 있었다.

미워하는 사람이 없는 인생이 가장 행복한 인생이라고 했다. 인생을 살면서 누군가를 미워하지 않으면 좋겠지만, 그렇지 않은 날이 찾아올 때가 있다. 그러면 모든 신경이 거기에 집중된다. 미움은 몸과 마음을 갉아먹는다. 그래서 기도가 필요하다. 기도하는 순간만큼은 미움지옥에서 해방될 수 있기 때문이다. 기도하며 나아갈 때 미운 마음이 가라앉고 차분해질 수 있다.

미움은 불청객 같아서 언제 불쑥 찾아올지 모른다. 그래서 늘 기도할 수밖에 없다. 내 안에 계신 성령께서 상처 받은 마음을 위로하신다. 상처 받을 내 마음을 지키신다. 날마다 하나님을 대함은 사람을 대하기 위해서다. 하나님을 대하면 사람을 대할 수 있다.

✷ 사람을 분별하게 하는 기도

예수님은 돼지에게 진주를 주지 말라고 하셨다. 돼지가 진주를 발로 밟을 뿐 아니라, 진주를 준 사람을 상하게 하기 때문이다. 살면서 인간적인 정에 이끌려 하나님보다 앞설 때가 많았다. 그때는 예외 없이 구해 준 내게 보따리를 내놓으라고 했다. 숱하게 상처 받으면서 나름 기준을 정할 수 있었다.

'안 갚는 사람을 돕지 말고, 못 갚는 사람을 돕는다.'

예수님은 갚을 것 없는 사람을 도우라고 말씀하셨다. 갚을 것이 없기에 내게 복이 된다고 하셨다. 갚을 것 있는 사람이 내게 도로 갚으면 복이 되지 않기 때문이다. 못 갚는 사람을 돕는 것이 내게 복이다. 반면, 안 갚는 사람을 도와서는 안 된다. 자기의 배만 불리려 다른 사람을 이용하기 때문이다. 고마운 줄도 모른 채 오히려 성질만 부린다. 자기 배만 채우기에 급급하다. 그래서 돼지라고 하셨나 보다.

결국 깨어서 기도하는 수밖에 없다. 그래야 돼지인지 아닌지 분별할 수 있다. 하나님보다 앞서지 않을 수 있다. 인간적인 정에 끌리지도, 가스라이팅도 당하지 않는다. 그리고 꼭 필요한 사람에게 진주를 전달할 수 있다. 주는 이도 받는 이도 기쁘고, 지켜보시는 하나님도 기뻐하신다.

✸ 선으로 악을 이김은, 악은 악으로 망한다

살면서 좋은 사람들만 만나고 싶다. 그러나 그것이 불가능하다는 것을 우리는 너무 잘 안다. 나쁜 사람을 상대해야 할 때가 있다. 가만히 있는 내게 돌을 던진다. 큰 상처를 입기도 한다. 나도 당장 돌을 들어 던지고 싶다. 받은 만큼 되돌려주고 싶다.

다윗은 이른 나이에 이스라엘의 왕으로 부름받았다. 사무엘은 다윗을 기름 부어 왕으로 세웠다. 아버지가 가장 탐탁해하지 않는 막내아들, 형들에게 무시당하는 별 볼 일 없던 인생이 역전한 순간이었다. 이제는 고생 끝 행복 시작이었다. 그런데 정반대의 상황이 닥쳤다. 왕이 되기는커녕 사울 왕에게 쫓기는 도망자 신세로 전락했다. 10년을 도망만 다녔다. 죽을 고비를 숱하게 넘겼다. 사는 게 사는 것이 아니었다.

다윗에게는 원수 같은 사울을 죽일 기회가 두 번이나 있었다. 부하들이 당장 원수를 갚자고 안달이었다. 그런데 다윗은 그렇게 하지 않았다. 하나님이 기름 부으신 자를 죽일 수 없다고 했다. 자기를 죽이려는 자를 다윗은 죽이지 않았다. 악을 악으로 갚지 않았다. 오히려 악을 선으로 갚았다. 결국 사울은 블레셋과의 전쟁에서 죽고 말았다. 악인인 사울은 악한 민족 블레셋에게 죽임을 당했다.

다윗이 사울의 악을 선으로 대할 수 있었던 것은 기도 때문이다. 우리는 시편에서 다윗이 기도한 흔적을 찾을 수 있다. 끓어오르는 분노를 하나님 앞에 모두 쏟아냈다. 거기서 처절한 부르짖음을 숱하게 들을 수 있다. 용서가 아니라 심판과 저주를 쏟아내는 절규도 들려온다. 그것은 분명 기도였다. 사람 앞에서 하면 원망이고 불평이지만, 하나님 앞에서 하면 기도가 된다.

인생을 살면서도 그랬고, 사역의 현장에서도 마찬가지였다. 악은 악으로 망한다. 그렇게 악한 이가 또 다른 악한 이에 의해 망했다. 자기보다 더한 사람에게 철저히 당했다. 뿌린 대로 거두었다. 어떤 이는 자기 꾀에 자기가 걸려 넘어졌다. 그렇게 철저하고도 교활하던 이가 참으로 허망하게 무너지는 모습을 보며 허탈했다.

결국 관건은 버티기였다. 버티기의 관건은 기도였다. 기도하면 버틸 수 있었다. 죽을 만큼 미운 사람을 앞에 두고도 버틸 수 있었다. 심지어는 착시효과가 일어나기도 했다. 그 사람의 말로가 너무 뻔하니 불쌍해 보이기까지 했다. 그렇게 기도하며 하나님 곁에 꼭 붙어 있었더니 그가 망했다. 그가 행한 악을 그대로 되돌려 받았다. 악인이 악인으로 말미암아 망했다. 기도가 우리를 이기게 한다.

✢ 죄책감이 밀려올 때

우리를 위해 십자가에 달리시려고 예수님은 대제사장의 군인들에게 잡혀가셨다. 대제사장의 집으로 끌려가 밤새 심문 당하셨다. 예수님을 몰래 쫓아온 제자 두 명이 있었다. 먼저는 사도 요한이다. 사도 요한이 대제사장과 친분이 있었기 때문이다. 그래서 요한이 그 집에 먼저 들어가 예수님을 지켜보았다.

그런데 뒤늦게 베드로가 들어오는 것을 요한이 보았다. 그래서 요한이 문 지키는 여자에게 말해 베드로를 들어오게 했다. 베드로가 심문당하시는 예수님을 지켜보았다. 그때 한 여종이 베드로에게 다가와 따졌다.

"당신 예수 제자잖아. 예수 제자 맞지?"

"나는 예수의 제자가 아니오."

베드로는 예수님을 모른다고 부인했다. 첫 번째 부인이었다. 잠시 후 몇 명이 베드로에게 몰려와 또 따지기 시작했다.

"당신 예수 제자 맞잖아. 네 말투가 예수의 제자라는 걸 증명해."

"나는 예수의 제자가 아니오."

두 번째 부인이었다. 잠시 후 한 남자가 베드로에게 다가와 따지기 시작했다.

"당신 예수 제자 맞잖아. 내가 당신을 봤는데 어디서 모른 척해!"

세 번째로 다가온 남자는 대제사장의 종 말고의 친척이었다. 예수님이 잡히실 때 베드로가 칼을 빼서 휘둘러 대제사장의 종 말고의 귀가 잘리지 않았던가. 그때 예수님이 말고의 귀를 치유해 주셨다. 그런데 그 현장에 말고의 친척이 있었던 것이다. 이 사람이 현장 목격자로 베드로를 본 것이다. 그리고 지금 대제사장의 집에서 베드로를 보고 "당신 예수 제자 맞잖아. 내가 당신을 거기서 봤는데 어디서 모른다고 하는 거야!"라며 따지는 것이다.

"나는 예수의 제자가 아니다!"

베드로는 다시 예수님을 모른다고 욕하고 부인하고 저주했다. 세 번째 부인이었다. 그 순간 닭이 울었다. 닭의 울음소리를 들은 베드로의 뇌리를 스치는 장면이 하나 있었다.

"오늘 밤 닭 울기 전에 네가 세 번 나를 부인하리라."

예수님의 말씀이 떠올랐다. 베드로는 당황해서 어쩔 줄 몰랐다. 어마어마한 죄책감이 베드로에게 파도처럼 밀려왔다. 어마어마한 죄의식이 베드로를 집어삼킬 듯 덮쳤다.

"다른 사람들은 다 주를 버릴지라도 나는 버리지 않겠나이다."

자신만만하게 말했는데, 가장 먼저 그것도 제일 많이 예수님을 배신했다. 자기의 민낯 앞에 베드로가 무너졌다.

그런데 그 밤에 닭이 울 때, 심문당하시던 예수님이 갑자기 고개를 돌리고는 누군가를 찾으셨다. 심문당하시던 예수님 바로 앞에서 대제사장이 죽일 듯 달려들고 있었다. 그런데 예수님은 대제사장을 상관하지 않으시고, 닭 우는 소리를 듣자마자 고개를 돌리셨다. 그리고 베드로와 눈을 마주치셨다.

예수님이 찾으신 건 베드로였다. 닭이 우는 그 순간, 사랑하는 제자가 자기를 세 번 부인하여 넘어질 줄 아셨다. 그 제자 베드로가 염려되어 고개를 돌려 찾으신 것이다. 그리고 마침내 베드로와 눈이 마주치셨다.

베드로의 눈과 예수님이 눈이 마주쳤다. 베드로를 바라보는 예수님의 눈은 어땠을까? 원망의 눈빛, 저주의 눈빛, 비난의 눈빛이었을까?

'네가 감히 날 배신해? 네가 그러고도 사람이니? 내 제자야? 감히 날 배신해?'

그렇지 않았다. 예수님의 눈은 용서의 눈빛이었다. 이해의 눈빛이었다. 사랑의 눈빛이었다. 주님은 그 눈으로 말씀하셨다.

'괜찮아, 내가 이미 다 알고 있었어. 처음부터 알고 부른 거야. 그러니 괜찮아. 포기하지 마. 믿음 놓지 마. 괜찮아.'

예수님의 눈을 본 베드로는 밖으로 나가 심히 통곡하며 울었다. 회개의 눈물이었다. 회복의 눈물이었다. 똑같이 예수님을 배신했는데, 예수님의 눈을 본 베드로는 살았다. 그런데 예수님의 눈을 보지 못한 가룟 유다는 죽었다. 가룟 유다는 그 죄책감을 이기지 못하고 스스로 목숨을 끊었다. 예수님의 눈을 본 베드로만 살았다.

살다 보면 죄책감이 밀려올 때가 있다. 감당할 수 없는 죄책감과 죄의식이 파도처럼 밀려온다. 나를 집어삼킬 듯 덮쳐온다. 그럴 때 한 가지만 기억하면 된다. 죄의식이 덮쳐올 때 다른 사람 눈을 보지 말아야 한다. 다른 사람의 시선을 의식하지 말아야 한다. 거울에 비친 내 눈도 보지 말아야 한다. 예수님의 눈을 바라보아야 한다. 그래야 산다. 그럼에도 나를 포기하지 않고 사랑하시는 예수님의 눈을 바라볼 때 살 수 있다. 살아낼 수 있다. 어떤 상황에도 나를 바라보시고 용서하시고 품으시는 그 눈과 눈 맞출 때 우리는 살 수 있다.

✢ 베드로의 죄책감을 씻어주신 예수님

십자가에서 죽으신 예수님은 삼일 만에 부활하셨다. 부활하신 예수님은 두 번이나 제자들을 찾아가, 그들을 다시 사명의 길로 부르셨다. 그런데 그들은 따르지 않았다. 부활한 예수님을 만나서 기뻤지만, 차마 예수님을 따를 염치가 없었다. 예수님을 배신한 과거가 그대로 남아있기 때문이다. 그래서 제자들은 사명의 길이 아니라 익숙했던 예전의 삶으로 되돌아갔다. 베드로는 어부의 삶으로 돌아갔다.

베드로를 위시한 제자들이 밤새 갈릴리에서 물고기를 잡았지만 한 마리도 잡지 못했다. 밤새 허탕을 쳤다. 그들에게 예수님이 찾아오셨다. 부활 후 세 번째 만남이었다. 제자들에게 "배 오른편에 그물을 던져라" 명하셨다. 그대로 하니 만선이었다.

예수님과 제자들이 아침 식사를 했다. 식사가 끝난 후 예수님이 베드로를 바라보며 물으셨다.

"요한의 아들 시몬아, 네가 이 사람들보다 나를 더 사랑하느냐?"

베드로가 조심스럽게 대답했다.

"주님, 내가 주님을 사랑하는 줄 주께서 아십니다."

예전의 베드로였다면 이렇게 말하지 않았을 것이다.

"예, 내가 주님 사랑하죠! 다른 사람이 주님을 버릴지라도 나는 안 버립니다!"

자기 확신으로 가득 차 대답했을 것이다. 그러나 지금은 달랐다. "내가 주님 사랑하는 것을 내가 아는 것이 아니라 주님께서 아십니다"라고 겸손히 고백했다.

베드로는 자신의 처지를 잘 알고 있었다. 예수님을 사랑한다고 말할 자격이 자신에게 없다는 걸 말이다. 예수님을 두고 도망치고 욕하고 부인하고 배신하고, 심지어 저주까지 했던 사람이 자신이었다. 그런 자기가 예수님을 사랑한다고 말해도 아무도 믿지 않을 것을 알았다.

'네까짓 게 뭔데 예수님을 사랑해? 너는 예수님을 욕하고 부인하고 저주했잖아. 두고 도망쳤잖아!'

이런 말을 들을 것이 뻔했다. 그러나 베드로는 알았다. 자신에게 자격이 없음을 알면서도, 그럼에도 마음 한켠에 예수님을 사랑하는 마음이 있음을 부인할 수 없었다. 마음 한구석에 예수님을 향한 사랑이 여전히 있었다. 그래서 "내가 주님을 사랑하는 줄 주께서 아십니다"라고 고백했다. 베드로의 답을 들은 예수님이 다시 물으셨다.

"요한의 아들 시몬아, 네가 나를 사랑하느냐?"

"내가 주님을 사랑하는 줄 주께서 아십니다."

그런데 예수님이 또 물으셨다. 세 번째 물음이다.

"요한의 아들 시몬아, 네가 나를 사랑하느냐?"

그 순간 베드로의 마음이 타들어갔다. 요한복음 21장 17절을 보면, 베드로가 근심했다고 기록되어 있다. 왜 마음이 타들어갔을까? 예수님 아니면 자신의 마음을 알아줄 이가 세상에 아무도 없기 때문이다. 예수님 아니면 예수님을 향한 자신의 사랑을 믿어줄 이가 없기 때문이다. 그런데 예수님이 두 번 고백을 들으시고도 세 번째 또 물으시니 마음이 타들어간 것이다. 그래서 세 번째는 베드로의 대답이 조금 바뀌었다. 문장이 길어졌다.

"주님, 모든 것을 아시오니 내가 주님을 사랑하는 줄 주께서 아십니다."

모든 것을 아시는 주님께 자신의 마음을 알아달라고 간청했다.

'주님, 모든 것 아시잖아요. 내 마음 다 아시잖아요. 그럼에도 내가 주님 사랑하는 걸 주님은 아시잖아요!'

베드로는 자신의 마음을 고백했다. 예수님은 그 고백을 받아주셨다. 그리고 다시 제자로 불러주셨다. 예수님을 세 번 부인한 베드로에게 세 번 사랑을 고백할 기회를 주심으로 그의 죄책감을 깨끗이 씻어주셨다.

Anna's Prayer 7

하나님 약속의
성취를 본 안나

    안나는 평소처럼 성전에서 기도하고 있었다. 한 부부가 아기를 안은 채 성전으로 들어오고 있었다. 아기를 본 순간 안나의 온몸에 전율이 일었다. 바로 알아보았다.

    '저분이구나. 우리 민족이 그토록 오랫동안 기다린 메시아가 바로 저분이구나. 드디어 오셨구나.'

    안나의 눈에서 하염없이 눈물이 흘러내렸다. 감격에 북받쳐 눈물을 주체할 수 없었다. 하나님의 은혜가 감사해서 울고 또 울었다. 마냥 울 수만은 없었다. 사람들에게 얼른 소식을 전해야 했다. 예루살렘의 속량을 바라는 사람들에게 메시아의 탄생 소식을 소리쳐 전했다. 평생 기도한 안나는 마침내 메시아를 만났다. 약속을 성취하신 하나님을 만났다.

수많은 선지자가 하나님의 약속을 선포하다 죽임을 당했다. 그러나 안나는 죽지 않았다. 죽지 않고 살아서 여호와께서 하신 일을 기어이 보았다. 선지자 중 가장 복된 자였다. 하나님은 과부 선지자를 가장 높이 들어 쓰셨다. 안나는 더 이상 여한이 없었다. 한도 없었다. 한없이 행복했다. 가장 가치 있는 인생을 살았다. 가장 복된 삶을 살았다.

✳ 고난을 해석해 주시는 하나님

22세에 신학교에 입학한 후 노숙자와 장애인을 만나기 시작했다. 신학대학원을 졸업한 후로는 노숙인들과 함께 예배하는 교회에서 주일마다 사역했고, 주중에는 장애인의 자립을 돕는 굿윌스토어에서 사역했다. 많은 열매를 보았다. 변하지 않을 거라 생각했던 노숙인이 복음으로 변화되고, 집에만 있던 많은 장애인이 취업해 자립했다.

한창 장애인 사역을 할 때였다. 딸이 세 살이었는데 발달장애 진단을 받았다. 더불어 뇌전증과 자폐 진단도 받았다. 장애인 사역에 부름받았는데, 이해 당사자가 되어버린 것이다. 하늘이 무너진다는 말이 무슨 뜻인지 알았다. 하루는 너무 힘들어서 터덜터덜 걸었다. 무심히 하늘을 보며 혼잣말을 했다.

'어머니 아버지와 살 때도 그렇게 힘들었는데 또 그러시네. 왜 나한테만 그러시지?'

부모님과 살 때 참 많이 고생했다. 어릴 적부터 부모님 두 분 모두 알코올중독이었다. 아버지만 그런 게 아니라 어머니도 매일 술을 드셨다. 나는 세상에 의지할 사람이 없었다. 초등학교 때 이미 눈물이 말랐다. 아무리 울어도 소용없다는 걸, 봐주는 사람 하나 없다는 걸 너무 일찍 알아버렸다. 30년 동안 술 취한 부모님을 뒤치다꺼리하며 살았다. 우여곡절 끝에 사랑하는 사람을 만나 결혼했고 딸을 낳았다. 정말 간절했다. 부모님처럼 살기 싫었다. 행복한 가정을 꾸리고 싶었다. 남들이 누리는 행복을 아주 조금이라도 누려보고 싶었다. 그런데 세 살 난 아이가 복합장애 진단을 받은 것이다. 전에는 삶을 포기하고 싶은 적이 없었는데, 자식의 장애는 차원이 달랐다.

아내와 나는 결혼 후 매일 밤 기도했다. 그때도 힘겨운 마음을 안고 함께 기도했다. 그때 하나님이 아내의 마음에 두 가지 감동을 주셨다. 첫 번째 감동이 임했다.

'하나님이 주신 것 중에 좋지 않은 것은 없다.'

아내와 함께 묵상했다. 선한 것 주시는 하나님이 우리에게 장애아를 주신 줄 알았다. 며칠 뒤 두 번째 감동이 임했다.

'자녀의 장애는 부모가 선택한 것이 아니라 하나님이 허락하신 것이다.'

하나님이 아내에게 "네가 선택한 게 아니야. 내가 허락한 거야"라고 말씀하셨다. 발달장애아를 키우는 부모에게 가장 힘든 건 무엇일까. 아이가 면역력이 약하고, 재활치료 때문에 매일 병원에 가야 한다. 재활치료는 비급여라 한 달에 기본 300만 원이 든다. 집안 기둥뿌리가 뽑히는 것이다. 자가에서 전세, 전세에서 월세로 내려가는 건 오래 걸리지 않는다. 엄마는 하루 종일 아이와 전쟁을 치르고, 아빠는 병원비 벌려고 퇴근 후에도 투잡, 쓰리잡을 뛴다. 그러나 더 힘든 건 죄책감이다.

'나 때문에 이렇게 됐구나. 내 죄 때문에 내 자식이 장애아로 태어났구나.'

이게 가장 괴롭다. 그런데 하나님이 아내에게 감동을 주셨다.

"네 선택이 아니야. 내가 허락한 거야. 네 잘못이 아니야. 뜻이 있어. 섭리가 있어. 괜찮아."

당시 너무 힘들었다. 명치에 돌덩어리가 있는 것 같았다. 숨이 막혔다. 그런데 해석이 임하는 순간 돌덩어리가 내려갔다. 소화가 되었다. 이해가 되고 납득이 되었다. 눈이 떠졌다. 숨이 쉬어졌다. 그제야 주변이 보이기 시작했다. 아무리 예수님을 잘 믿어도 고난은 찾아온다. 신자나 비신자나 고난은 같다. 그러나 신자에게는 특권이 있다. 해석된 고난을 받거나, 해석될 고난을 받는 것이다. 하나님이 고난을 해석해 주시는 순간 꽉 막힌 가슴이 뚫린다.

해석된 아픔은 사명이 된다. 그때부터 장애인 자립 사역에 생명을 걸었다. 내가 잘해야 딸이 맞이할 세상이 바뀌기 때문이다. 장애인이 자립하고 편견 없는 세상이 열리기 때문이다. 장애인과 비장애인이 함께 사는 세상이 더욱 절실해졌다. 간절함으로 전국을 누볐다. 장애인의 자립을 알리는 일이라면 어디든 가리지 않고 뛰어다녔다.

그때부터 하나님은 무명의 목사인 나를 통해 놀라운 일을 이루셨다. 첫 책이 나오고 한 달 만에 1쇄가 다 나갔다. 각종 인터넷서점 종교 부문 베스트셀러 순위에 올랐다. 책의 결말은 장애인 자립 이야기였다. CBS "새롭게 하소서"에서 연락이 왔다. 방송에서 장애인 자립과 함께 사는 세상의 비전을 나누었다. 곧바로 장애인 자립 운동이 한국 교회에 퍼졌다. 이어 다니엘 기도회에서도 선포했다. 한국 교회가 연합해 장애인과 비장애인이 함께 사는 세상을 외쳤다.

한국 교회가 불일 듯 일어났다. 수많은 교회가 장애인의 자립 사역에 동참하기 시작했다. 굿윌스토어를 비롯한 장애인 자립 기관에 성도님들이 물밀듯 밀려왔고, 기증품과 후원금이 급증했다. 그것이 씨앗이 되어 많은 장애인이 직업을 얻었다. 자립을 이루었다. 해맑게 웃으며 새로운 삶을 살았다. 그곳에서 장애인 직원들과의 만남을 통해 많은 비장애인의 편견이 깨졌다. 아픔을 사명 되게 하신 하나님이 놀라운 일을 이루셨다.

고난 없는 인생은 없다. 이유 없는 고난도 없다. 주께서 내 고난을 해석해 주신다. 회복된 나를 통해 나와 같은 아픔을 가진 자들을 살리신다. 그러니 기도해야 한다. 그래야 내가 산다. 다시 숨을 쉰다. 내게 주신 고난을 통해 주께서 행하실 일을 발견한다. 나 같은 사람을 살리는 데 나를 사용해 주신다.

❋ 광야로 나가라

다니엘 기도회를 앞두고 기도로 준비 중이었다. 하나님이 마음에 감동을 주셨다.

"광야로 나가라."

굿윌스토어를 떠나라 하셨다. 말단사원에서 사목이 되고, 이제 좀 편하게 사역할 길이 열렸는데, 하나님이 그곳에서 내 사명이 끝났다고 하셨다. 그렇게 광야로 나갔다.

고정급여가 끊기니 살 길이 막막했다. "새롭게 하소서"를 보고 후원금 문의가 쇄도할 때, 내 개인계좌가 아니라 굿윌스토어 기관계좌를 알려주었다. 다니엘 기도회에서도 개인계좌를 오픈하지 않았다. 장애인 자립 기관에 후원금이 흘러가도록 내버려두었다. 남들은 내가 성공했다며 생활이 나아졌을 거라 생각했지만, 나는 인생에서 가장 힘든 시기를 지나야 했다. 아이 병원비조차 없을 때가 있었다.

가장 힘들 때 한 교회에서 연락이 왔다. 규모가 큰 유명한 교회였다. 교회에서 대규모 집회를 여는데, 나를 강사로 초청했다. 집회에 가겠다고 말하고 싶었다. 사는 게 너무 팍팍했다. 그런데 마음에 걸리는 게 있었다. 일정을 보고 다시 연락하겠다고 답했다. 기도로 하나님의 뜻을 구하는데, 가면 안 된다는 응답을 받았다. 근래 들어 사회적으로 물의를 일으키는 그 교회를 차마 갈 수 없었다.

또 다른 교회에서 연락이 왔다. 보통 교회에서 강사 섭외 전화를 할 때는 교회의 이름을 밝히고 일정을 조율한다. 그런데 담당사역자가 교회 이름은 말하지 않고 집회의 규모를 한참 이야기했다. 얼마나 대단한 집회인지 강조하는 듯 보였다. 한참 듣고 있던 내가 교회 이름을 물었다. 상대가 당황한 듯했다. 주저하며 교회 이름을 말했다. 대답을 듣고는 아차 싶었다. 죄송하지만 갈 수 없겠노라고 정중히 사양했다. 한 교단을 넘어 한국 교회 전체에 씻을 수 없는 상처를 준 곳이었다. 도저히 갈 수 없었다.

때마침 한 굴지의 복지재단에서 스카우트 제의가 들어왔다. 오래전부터 가고 싶었던 곳이었다. 내가 존경하고 좋아하는 분들이 있는 곳이었다. 당장이라도 가고 싶었다. 그런데 하나님이 주신 응답이 떠올랐다.

"광야에 있어라."

다시 하나님께 물었다. 특별히 주시는 감동이 없었다. 그래서 차마 갈 수 없었다.

그즈음 한 목사님에게서 연락이 왔다. 구제 사역에서 상징적인 분이었다. 교회를 넘어 많은 비신자들도 존경하는 분이었다. 목사님은 자신의 후계자가 되는 것을 고민해 보라며 기도해 보라고 하셨다. 내게 너무도 황송한 제안이었다. 그토록 존경하는 분의 뒤를 잇고 싶은 마음이 굴뚝같았다. 그런데 기도하면 하나님이 주시는 감동이 없었다. 이번에도 응답이 없었다. 가지 말라는 것이었다. 광야에 있으라는 의미였다.

주신 감동에 순종했는데, 삶은 점차 피폐해졌다. 피가 마르는 날들을 지나야 했다. 아내 얼굴을 볼 면목이 없었다. 어깨가 축 처진 채 앉아있는데, 아내가 다가와 내 어깨를 두드려주며 말했다.

"당신이 나보다 나은 사람이야. 당신은 선택할 수 있는데 안 하는 사람이잖아. 할 수 있는데 안 하는 게 제일 힘들거든. 그래서 내가 당신을 선택한 거야. 처음부터 그런 사람이었으니까."

눈물을 참느라 혼났다. 이해해 주고 격려해 주니 고마워서 고개를 들 수 없었다. 잘 가고 있다니 그저 다행이고 감사했다. 아내가 함께하니 용기 내어 다시 한 걸음 내딛을 수 있었다. 그때부터였다. 광야에서 하나님의 일하심을 보기 시작했다. 놀라운 하나님의 역사가 눈앞에 펼쳐졌다.

✦ 대학병원 신우회에 일어난 기적

딸아이가 매주 재활훈련을 받는 대학병원이 있다. 그곳에서 원목으로 섬기는 목사님을 알게 되었다. 목사님은 큰 어려움 중에도 사명의 자리를 지켰다. 모든 것을 다시 시작해야 하는 상황, 척박한 광야에서 목사님은 홀로 고군분투하셨다. 함께 기도하는 중에 감동을 주셨다. 신우회 예배를 준비하고, 내가 메시지를 전하기로 했다. 목사님과 몇몇 신실한 신우들이 기도로 준비했다. 동료들에게 함께 가자고 독려했다.

신우회 예배에 많은 사람이 모였다. 한 교수님은 신우회가 시작된 이래 가장 많이 모였다고 했다. 예배 때 하나님이 큰 은혜를 주셨다. 회개와 회복의 역사를 일으키셨다. 오랫동안 교회를 떠났던 간호사가 신우회 예배에 나왔다. 예배 시작부터 끝까지 펑펑 울었다. 주님이 만나주셔서 하나님께로 돌아왔다. 20년 만에 집 앞 교회에 등록하고 신앙생활을 시작했다. 그날 이후 신우회가 다시 활발하게 활동하기 시작했다. 모이기에 힘쓰고 함께 삶을 나누며 기도하기 시작했다.

성탄절을 맞아 작은예수선교회에서 소아병동에 담요 50개를 선물했다. 그리고 전체 병동 1,100개의 선물 중 절반을 감당했다. 우리는 선물 포장과 스티커 작업을 걱정했다. 목사님이 혼자 하시는 줄 알았기 때문이다. 소아병동이야 50개면 되지만, 천 개가 넘는 다른 병동 선물이 남아있었기 때문이다. 혼자서 끙끙거리실 모습이 눈에 선했다.

며칠 뒤 목사님께 연락이 왔다. 그런데 스피커폰인지 주변이 시끄러웠다. 난데없이 고맙다는 말들이 들려왔다.

"감사합니다 목사님. 덕분이에요. 너무 감사해요."

병원 의료진들의 목소리였다. 우리가 보낸 선물에 감사하다며 와자지껄했다. 나는 사연을 듣고 울컥했다. 전날 목사님이 먼저 소아병동 선물을 포장해 전달하셨다. 병동에서 깜짝 놀랐고, 소문이 삽시간에 퍼진 모양이었다. 다음 날 원목실에서 목사님이 포장 작업을 하는데, 누군가 문을 열고 들어왔다. 병원 교수님이었다. 이어서 사람들이 들어오기 시작했고, 여러 과의 교수님과 간호사 선생님들이 원목실로 몰려와 선물 포장 작업을 도와주었다. 혼자 끙끙거리던 목사님은 몰려온 사람들로 인해 주체할 수 없이 감격하셨다.

그때 목사님이 전화하신 것이었고, 기독신우회 소속 의료진들이 감사하다고 한 것이다. 자신들이 준비해야 했는데 미안하다는 말, 기독신우회가 한동안 활동이 없었는데 옛날에 한창 활동할 때 같다는 말, 지난번 설교해 주시고 함께 기도한 뒤로 다시 신우회가 모이기 시작했다는 말까지 하나같이 나를 울리는 말이었다. 울컥해서 눈물이 났다. 하나님께 참 감사했다. 광야에서 다시 하나님을 만났다. 하나님께서 친히 나를 위로하셨다.

✻ 로뎀나무에서 잠시 쉬고 있는 하나님의 사람들

광야를 걷던 중 한 목사님을 알게 되었다. 목사님도 나처럼 광야에 계셨다. 다만 걸을 힘이 없어 로뎀나무 아래서 잠시 쉬고 계셨다. 목회하시다가 큰 아픔을 겪으셨다. 잠시 목회를 내려놓고 가족을 부양하기 위해 일을 하셨다. 그러다 불의의 부상을 당하셨다. 어찌지 못하는 상황이었다. 그런 목사님에게 마음이 쓰여 목사님을 찾아갔다. 아이들이 좋아할 만한 간식을 들고 갔다.

한 번은 명절에 목사님 댁에 갔다. 과일상자와 작은 봉투를 준비했다. 아이들이 좋아할 만한 치킨과 피자를 사서 갔다. 집에 전달해 드리고 바로 나왔다. 괜히 대접한다고 신경 쓰시게 하고 싶지 않았다. 차에 타고 시동을 켜는데 바로 목사님께 전화가 왔다.

"목사님, 매번 이러시면 죄송해서 어쩌나요. 너무 죄송하고 감사해요."

"아닙니다, 목사님. 약소한 걸 받아주셔서 감사합니다."

목사님과 감사의 마음을 나누는데, 수화기 너머 목사님 딸아이의 소리가 들렸다.

"삼촌, 고마워요. 잘 먹을게요."

아이의 말에 울컥했다. 눈물을 참을 수 없어 펑펑 울었다. 남들에게 흔한 치킨이 그 아이에게는 결코 흔한 것이 아니라는 사실이 애처로워 눈물이 났다. 어디 그 목사님만의 이야기겠는가. 좁은 길을 가는 우리 모두의 이야기다. 흔한 것이 흔치 않고, 소소한 행복에 화들짝 놀라는 우리의 삶이다.

몇 달 뒤 늦은 밤에 목사님 댁 근처를 지나갔다. 목사님 가정을 위해 기도하다가 문득 마음에 감동이 왔다. 목사님 계좌로 백만 원을 이체했다. 목사님에게 연락이 왔다. 그 사이 또 큰 어려움을 겪으셨다. 어느 교회의 담임목사로 청빙받아 살던 집을 정리하고 교회 사택으로 들어가셨다. 그런데 교회에서 갑자기 말을 바꾸었다. 담임 청빙이 취소되고, 사택을 비워주어야 하는 상황이었다. 눈물을 삼키며 교회를 나오셨다.

우여곡절 끝에 가족이 새로 살 집을 구하셨다. 그런데 계약금 백만 원이 없으셨다. 그 밤에 타들어가는 마음으로 기도하셨다. 그런데 갑자기 내가 백만 원을 보낸 것이다. 목사님은 내가 보낸 백만 원으로 계약금을 냈다고 하셨다. 목사님의 말에 울컥했다. 하나님께 영광을 돌렸다.

얼마 후 목사님은 시골 작은 교회의 담임목사로 부임하셨다. 다시 사명의 길을 가시기 어려울 거라 생각했는데, 그 길을 다시 걸어가셨다. 가장 좁은 길을 기꺼이 들어서셨다. 환하게 웃으시는 목사님을 보는데, 또 눈물이 났다.

그렇게 광야에서 주의 종을 많이 만났다. 로뎀나무 아래서 잠시 쉬고 있는 사역자들을 만나게 하셨다. 내가 그분들의 삶을 책임질 수는 없다. 그저 그때그때 하나님이 주신 것을 나눌 따름이었다. 그분들의 곁을 지켜주는 것이 전부였다. 로뎀나무 아래서 먹고 자며 쉬던 목사님들이 벌떡 일어났다. 언제 그랬냐는 듯 다시 그 길을 걸어갔다. 그토록 회피하고 싶었던 좁은 길을 향해 나아갔다. 그런데 한 가지 달라진 것이 있다. 이전보다 더욱 단단해졌다. 전보다 힘을 더 빼고 하나님을 의지했다. 그렇게 내 힘이 아닌 하나님의 힘으로 사명의 길을 걸어갔다.

우리는 누구나 로뎀나무를 지나간다. 예외가 없다. 끝이라고 생각했는데 끝이 아니었다. 잠시 쉬어갈 뿐이다. 예수님의 제자들도 로뎀나무를 찾았다. 예수님을 두고 도망치고 욕하고 부인하고 저주한 자신의 민낯 앞에 쓰러졌다. 예수님은 사명을 외면하고 예전의 삶으로 되돌아간 제자들을 찾아가셨다. 부활 후 세 번째 만남이었다. 밤새 물고기를 잡다가 허탕 친 제자들을 위해 아침상을 준비하셨다. 예수님을 세 번 부인한 베드로에게 세 번 사랑을 고백할 기회를 주셨다. 그곳은 로뎀나무였다. 제자들은 다시 일어나 그 길을 걸어갔다.

> "이 하나님은 영원히 우리 하나님이시니 그가 우리를 죽을 때까지 인도하시리로다"(시 48:14)

우리는 다시 일어난다. 그리고 아무렇지 않게 다시 걸어간다. 이 땅에서 기력이 다할 때까지 사역하다 보면, 주님이 우리를 데려가실 것이다. 그때까지 서로 맞잡은 손을 놓지 않는다. 내 동역자가 쓰러졌듯, 나도 언제든 쓰러질 수 있기 때문이다. 그렇게 쓰러진 동료를 붙들고, 때로는 내가 붙들린 바 되어 끝까지 그 길을 걸어간다.

✤ 땅에 떨어진 이삭이면 충분하다

하나님은 추수 때 밭모퉁이까지 다 거두지 말고, 땅에 떨어진 이삭을 줍지 말라고 하셨다. 포도원의 포도를 다 따지도 말고, 땅에 떨어진 열매도 줍지 말라고 하셨다. 가난한 사람들을 비롯해 소외된 이웃을 위해 남겨두라고 하셨다. 그렇게 남겨놓은 이삭과 열매는 작았다. 그러나 마음만은 결코 작지 않았다. 큰 마음이었다.

모두 어려운 시대를 살아갔다. 어렵지 않은 이들을 찾아보기가 어려울 지경이었다. 밭모퉁이를 거두고 떨어진 이삭과 열매를 다 모아도 생계가 어려웠다. 그럼에도 내 소중한 이삭과 열매를 나눌 때, 나보다 더 어려운 사람들이 살아났다. 작은 열매 안에 담긴 큰 마음이 살아갈 힘과 용기가 되었다.

어느 날 한 사역자 가정을 섬기다가 문득 깨달았다. 내가 섬기는 그 가정을 책임지시는 분이 하나님이라는 사실이 새롭게 다가왔다. 하나님이 책임지시는 인생이었다. 다만 그 길을 걸어가다 잠시 지쳐 쓰러질 때가 있다. 그때 필요한 것이 이삭이었다. 이삭이면 충분했다. 이삭이 아니라 그 안에 담긴 사랑이 쓰러진 그를 다시 일으켰다. 기도의 자리로 되돌아갔다. 하나님을 다시 만났다. 사명의 길을 다시 걸어갔다. 하나님이 책임지시는 인생이었다. 나는 이삭이면 충분했다. 그때부터 나누었다. 그때 하나님이 일하셨다.

�֍ 감정이 아닌 감동에 순종

어느 날 기도하는데 미국에 가라는 감동을 주셨다. 나는 그럴 여유가 없었다. 매일 재활하러 가는 아이의 병원비를 충당하는 것만으로도 버거웠다. 그런데 미국이라니 항공료를 감당할 길이 없었다.

다음 날 모르는 사람에게 연락이 왔다. 어느 교회의 권사님이었다. 내 설교를 듣고 은혜 받았다고 하셨다. 하나님이 마음의 깊은 상처를 치유하셨다며 고맙다고 하셨다. 나는 하나님께만 영광을 돌렸다. 권사님은 헌금을 보내고 싶다고 했다. 잠시 후 계좌로 헌금이 들어왔는데, 너무 놀라 말을 잇지 못했다. 권사님이 보낸 액수가 정확히 항공료였다. 그렇게 미국행 비행기를 예매했다.

미국행이 결정되고 SNS에 알리고 싶었다. 보통 사역자들이 해외에 나가게 되면 SNS에 포스팅한다. 집회에 초청하기 원하는 교회를 위해서다. 나도 그렇게 하고 싶었다. 그런데 기도 중 미국행을 알리지 말라는 마음을 주셨다. 잠잠히 기도하며 예비하신 만남을 기다리라는 마음이었다. 그렇게 미국에 갔다. 그런데 기대만큼 교회에서 연락이 오지 않았다. 예비되었을 거라 기대했던 집회 요청은 감감무소식이었다. 타들어가는 마음에 밤새 주님의 뜻을 간절히 구했다.

다음 날 아침, 은혜한인교회 장영식 목사님에게서 전화가 왔다. 금요성령집회에 강사로 나를 세우셨다. 실은 미국에 가기 전, 목사님이 교회에 내 미국행을 알렸다. 그런데 거절당했다. 교회 일정 때문에 다음을 기약해야 했다. 그런데 목사님이 새벽에 나를 위해 기도하던 중 마음에 강한 감동이 임한 것이다. 한기홍 담임목사님께 연락해 서진교 목사를 강단에 세워달라고 다시 요청하셨다. 때마침 담임목사님이 기도하던 제목이 있었는데, 그것을 하나님의 응답으로 여기시고, 나를 금요성령집회에 설교자로 세우기로 결정하셨다.

그날부터 여러 교회에서 연락이 쇄도했다. 월요일에 만난 목사님이 그 주 토요일 새벽기도회에 청해 주셨다. 화요일에 만난 목사님은 교회에 없던 수요예배를 만들어 초청해 주셨다. 꼭 만나야 할 사람을 만나게 하셨다. 하나님이 주시는 놀라운 은혜를 경험했다. 그렇게 보름 동안 일곱 교회에서 아홉 번 설교하고, 두 번 방송에 출연했다. 가는 곳마다 하나님의 놀라운 은혜를 목도했다. 그래서 만나는 현지 목사님들이 입을 모아 '이례적'이라고 했다.

그제야 왜 기다리라는 감동을 주셨는지 알았다. 내가 도저히 설 수 없는 자리에 하나님이 세워주시려 그러신 것이다. 만약 내가 SNS에 미리 미국행을 알렸다면, 꼭 가야 할 교회에 가지 못했을 것이다. 물론 일정이 쉽게 잡힐 수도 있었겠지만, 이렇게 하나님의 큰 은혜를 경험하기 어려웠을 것이다. 하나님의 응답을 믿고 기다렸더니, 하나님은 상상하지 못한 놀라운 역사를 일으키셨다. 감정이 아닌 감동을 따랐더니 하나님의 놀라운 역사를 목도할 수 있었다.

✴ I hear you

　미국까지 왔는데, 매일 숙소와 교회에서 기도만 하는 내가 답답해 보였나 보다. 저녁집회를 하러 간 교회의 담임목사님이 나를 데리고 어디론가 향했다. 도착해서 보니 멋진 바닷가였다. TV에서나 보던 라구나비치가 눈앞에 펼쳐졌다. 목사님과 본격적으로 바닷가를 둘러보기 전에 커피를 테이크아웃 하기로 했다.

　인근에 카페를 찾으러 가는 길에 한 노숙인을 보았다. 여성이 홀로 노숙하고 있었다. 마음이 쓰였다. 목사님께 부탁해 인근 빵집에 갔다. 빵을 한 아름 샀다. 다시 그 노숙인을 찾았다. 조심스레 빵을 건네고 손에 돈을 쥐어주었다. 그리고 안 되는 영어로 간단하게 의사소통을 했다. 그녀는 가슴 아픈 과거를 들려주었다. 문득 그녀를 위해 기도하고 싶은 마음이 일었다. 용기 내어 물었다.

　"제가 영어를 잘 못하는데, 한국말로 기도해 드려도 될까요?"

그녀가 고개를 끄덕였다. 그녀의 등에 손을 살짝 얹고 기도하기 시작했다. 한국어로 기도하는데, 마음에 강한 감동이 임했다. 영어로 기도하기 시작했다. 서툴렀지만 주님을 의지했다. 한참 기도 중인데 그녀가 말했다.

"I hear you."

그 말이 내게 큰 용기가 되었다. 더욱 간절하게 기도했다. 거침없이 기도했다. 주님이 사랑하시는 이 딸을 지켜달라고, 혼자가 아님을 알게 해달라고 간구했다. 기도를 마치니 그녀의 눈에 눈물이 고였다. 연신 고맙다고 했다. 곁에서 함께 기도해 준 목사님께도 감사하다고 했다. 그녀는 못다 한 이야기를 꺼내놓았다. 자신의 이름과 기구했던 지난날의 삶을 들려주었다. 꽤 오랜 시간 목사님이 그녀의 눈을 바라보며 경청했다.

마음의 문이 열린 그녀는 목사님의 교회에 가고 싶다고 했다. 목사님은 언제든 오라며 주소와 휴대폰 번호를 적어주었다. 언제든 연락하라고 하셨다. 늘 그녀를 위해 기도하겠다고 우리는 함께 약속했다. 그렇게 얼굴빛이 환해진 그녀와 인사하고 돌아섰다.

집회 시간이 다 되어 바로 교회로 돌아가야만 했다. 비록 라구나비치는 즐기지 못하고 돌아왔지만 하나님이 주신 기쁨으로 충만했다. 예수님을 만나 행복했다.

✦ 우버의 기적

미팅이 있어 우버를 호출했다. 드라이버 정보가 뜨는데 한국인이었다. 차에 타서 보니 어르신이었다. 반가운 마음에 한국말로 인사했다. 어르신도 한국인을 태울 기회가 많지 않은데 참 반갑다고 하셨다. 어르신과의 대화가 점점 깊어졌다.

어르신은 오래전 도미해 사업으로 자수성가하셨다. 교회는 다니지 않는다고 했다. 그 말에 불현듯 복음을 전하고 싶었다. 평생 복음을 못 들으셨는데, 다시 기회가 없을지도 모르기 때문이었다. 그런데 시간도 상황도 무엇보다 내 믿음이 부족했다. 목적지에 도착해 어르신과 헤어졌다.

하나님께 회개했다. 복음을 전하지 않음을 회개했다. 주님이 주시는 감동에 순종하지 못한 믿음 없음을 회개했다. 일정을 다 마치고 다시 우버를 호출했다. 곧바로 드라이버 정보가 뜨는데 깜짝 놀랐다. 그 어르신이었다.

그렇게 어르신의 차에 탔다. 어르신도 깜짝 놀라셨다. 지금껏 수천 명을 태웠지만, 같은 날 다시 만나기는 처음이라고 하셨다. 나도 마찬가지였다. 실은 일정 중에 원래 가려던 식당이 문을 닫아 거리가 좀 먼 식당으로 이동했다. 그런데 그곳에서 두 시간도 더 지나 다시 뵐 줄은 상상도 못했다.

어르신은 내게 감사하다고 했다. 팁을 너무 많이 준 게 아니냐고 했다. 직전에 탔을 때, 우버 앱에서 팁으로 가장 큰 금액을 눌렀는데, 이렇게 다시 뵐 줄은 몰랐다. 작은 사랑을 귀하게 여겨주시니 내가 더 감사했다.

더 이상 빼도 박도 못할 상황이었다. 어르신에게 복음을 전하라고 다시 만나게 하심이 너무도 확실했다. 대화를 나누며 지혜를 구했더니 주님이 일하셨다. 물 흐르듯 자연스럽게 간증할 기회가 열렸다. 나는 내가 만난 하나님을 전했다. 나를 위해 십자가에서 죽으신 예수님을 증거했다. 어르신은 연신 고개를 끄덕이며 끝까지 경청하셨다.

금방 목적지에 도착했다. 어르신이 이름을 알려주셨다. 내가 어르신을 위해 계속 기도하겠다고 했다. 어르신은 감사하다며, 내가 차에서 내리는데 따라 내려 모자를 벗고 인사하셨다. 환하게 웃으셨다.

나는 가슴이 벅차올라 하나님께 감사기도를 드렸다. 믿음 없는 나, 완악해 불순종하는 나를 긍휼히 여기시고, 다시 복음 전할 기회를 주신 주님을 찬양했다. 평생 복음을 듣지 못한 어르신을 향한 하나님의 사랑과 열심을 찬양했다. 혹시 저 어르신 한 분 때문에 미국에 부르셨나 싶기도 했다. 미국에 오길 참 잘했다. 신실하신 주님을 찬양했다.

✦ 광야에 임한 하나님의 감동

한 교회의 청년부 수련회에 초청받았다. 이틀 동안 설교와 기도 인도를 부탁받았다. 첫째 날, 설교와 기도회까지 네 시간을 넘게 인도했다. 하나님이 은혜로 함께하셨다. 담당 목사님이 다음 날에는 더 길게 기도해 달라고 부탁하셨다. 그런 부탁을 받기도 처음이었다. 그만큼 기도를 사모하는 공동체였다.

다음 날 저녁집회에서 복음을 설교하고 복음을 기도 제목 삼아 기도했다. 기도회만 네 시간을 넘게 인도했다. 말로 형언할 수 없는 놀라운 하나님의 은혜가 임했다. 그 순간 내 마음에 감동이 일었다.

'당분간 이 메시지를 전하고 다닐 것이다.'

"광야에 있으라" 하신 하나님이 주신 두 번째 감동이었다. 내가 가야 할 길에 대한 응답이었다. '복음'과 '낮은 데로 나아가 예수님의 손을 잡자'는 메시지를 전하되, '당분간'이라는 전제가 붙었다. 당분간이 얼마의 시간을 의미하는지 알 수 없었다. 그저 주님이 있으라는 곳에 머무는 인생이기만을 간절히 바랄 뿐이다. 그게 제일 행복하기 때문이다. 하나님과 함께하는 것보다 더 행복한 일은 세상에 없다. 하나님 곁에 꼭 붙어 있는 인생이기를 간절히 소망한다.

✳ 광야로 가라 하신 이유를 알다

딸아이가 초등학교를 입학하기 전, 아내는 복합특수학급 개설을 요구했다. 기존 특수반은 발달장애아들이 하루에 한두 시간만 있을 수 있고, 나머지 시간은 원반으로 흩어져야 했다. 비장애아동들의 커리큘럼을 따라갈 수 없으니, 하루 종일 스티커를 붙이거나 스트레스로 머리를 쥐어뜯는다.

딸아이는 염색체 결실과 뇌전증으로 인해 감염에 매우 취약했다. 원반 같은 대집단에 노출되는 순간 바로 감염되어 입원했다. 이전에도 그런 사례가 많았다. 소집단으로 돌봄이 가능하며, 전일제로 맞춤형 교육을 실시하는 복합특수학급이 꼭 필요했다.

아내가 오랫동안 지속적으로 교육청에 복합특수학급을 설립해 달라고 요청했지만, 교육청이 강제할 수 없는 학교 재량이라 해결되지 않고 있었다. 결국 아이가 초등학교에 입학하고 적응하지 못해, 하루에 10분도 학교에 있지 못하는 날들을 보내야 했다.

같은 학교의 병설유치원 특수반에 갈 때는 신나서 뛰어가던 모습이 눈에 선한데, 부모로서 그런 환경을 만들어주지 못한 자괴감이 참 컸다. 수많은 발달장애인 가족의 자녀들이 자립하고 잘되는 것을 눈앞에서 목도했는데, 정작 내 자식 하나를 위해서는 아무것도 해주지 못했다. 이제 다 끝났다고 생각했다.

아내와 함께 집중적으로 기도했다. 기도 중에 아내의 마음에 하나님이 감동을 주셨다.

"내가 이겼다."

다 끝난 것 같고 진 것 같았는데, 하나님이 이미 승리했다고 응답하셨다. 순간 마음이 편안해졌다. 그때부터였다. 하나님의 일하심을 보기 시작했다. 아내는 마지막이라는 심정으로 경기도의회에 민원을 넣었다. 아이의 상황 기록과 병원 진단서를 보내고, 그간의 불편과 부당함을 상세히 전달했다.

한 도의원이 우리 사정을 듣고 도와주었다. 우리의 목소리를 대변해 주기 시작했다. 아이의 학교에 찾아가 교장을 독대하기까지 했다. 도의원이 내 아내에게 말했다.

"동료 의원들과 법 개정안 발의를 준비 중이에요. 힘들어도 조금만 견뎌주세요."

몇 달이 지나 마침내 기쁜 소식이 들려왔다. 복합특수학급 설립의 길이 열렸다. 단순히 우리 아이만을 위한 것이 아니라, 경기도 관내의 모든 초등학교, 중학교, 고등학교에 길이 열렸다. 경기도교육청 특수교육 진흥 조례가 개정되었다.

> 학교의 장은 특수교육대상자가 배치될 경우 특수학급 설치에 적극적으로 협조하여야 하며, 정당한 사유 없이 특수학급 및 복합특수학급 설치를 거부하여서는 안 된다.
>
> 〈신설 2025.05.02.〉 – 경기도교육청 특수교육 진흥 조례 제3조 3항

 기존 조례에서는 복합특수학급이 특수반처럼 의무가 아니었다. 이로 인해 장애아 부모들이 참 힘들었다. 사람으로서 교육의 기본권을 요구하는데, 많은 차별과 냉대를 견뎌야 했다. 그런데 이번 조례 개정을 통해 경기도 전체의 장애아들이 좋은 교육을 받을 길이 열렸다. 복합특수학급이 보편화 될 길이 열린 것이다. 우리는 물론 우리 같은 부모들의 눈물을 보신 하나님이 역사하신 것이다.

 다니엘 기도회를 마치고 하나님의 응답을 따라 광야로 나갔다. 책을 출간하고 방송과 대형집회를 통해 광야를 탈출했다고 생각했는데 다시 광야였다. 힘들어하는 아내와 아이를 보며 자괴감에 고개를 들 수 없었다. 그럼에도 버틸 수 있었다. 하나님의 일하심을 자주 보았기 때문이다. 광야라서 보이는 것도 의지할 것도 없었기에 하나님이 더욱 선명히 보였다.

 그리고 광야의 로뎀나무에서 신음하는 많은 사람을 만났다. 아내와 나는 옥합을 깨고 또 깼다. 그렇게 쓰러진 사람들의

곁을 지켰더니 놀라운 일이 일어났다. 다시는 그 길을 가지 않겠다며 좌절하던 이들이 벌떡 일어났다. 그제야 알았다. 하나님이 왜 광야로 가라고 하셨는지. 그게 끝이 아니었다. 하나님은 더 큰 일을 예비하셨다. 장애인 자립 운동을 한국 교회에 펼치신 하나님이 이번에는 경기도의 법을 바꾸셨다. 만약 내가 광야로 나가지 않았다면, 아이가 진학할 수 있는 학교가 있었다. 복합특수학급 문제로 학교와 싸울 일도 없었다. 아내가 시도교육청과 교육부와 경기도의회에 민원을 넣을 일도 없었다. 그저 말씀에 순종했더니 하나님은 누구도 예상치 못한 길을 내셨다.

✳ 처음 기도 응답이 맞다

한 중형교회에 담임목사님이 새로 부임했다. 설교를 참 잘하셨다. 그런데 얼마 안 되어 목사님이 떠나셨다. 나중에 알았다. 다른 지역의 대형교회로 가셨다. 십수 년이 흘러 그 목사님의 소식을 들었다. 어떤 이유인지는 모르겠지만, 그곳에서 정년을 채우지 못하고 사임하셨다. 괜히 마음이 씁쓸했다. 하나님의 응답을 받고 중형교회에 오셨다는데, 응답이 쉽게 바뀌는 모습이 안타까웠다.

하나님의 사람이 북이스라엘의 왕 여로보암의 우상숭배를 경고했다. 여로보암의 손이 마르고, 제단이 갈라지는 역사가 나타났다. 하나님의 사람이 여로보암을 위해 기도하자 손이 회복되었다. 여로보암은 하나님의 사람을 집으로 초대하고 많은 예물을 약속했다. 그러나 하나님의 사람은 단번에 거절했다. 하나님이 그에게 "떡도 먹지 말며 물도 마시지 말고 왔던 길로 되돌아가지 말라"(왕상 13:9)고 이미 명령하셨기 때문이다.

되돌아가던 하나님의 사람을 늙은 선지자가 꾀었다. 하나님이 자신에게 말씀하셨다며 집으로 가서 먹고 마시고 쉬자고 했다. 하나님의 사람은 늙은 선지자를 따라갔다. 결국 하나님의 사람은 심판받아 죽었다. 나는 이 말씀이 참 두렵다. 내가 언제든 더 쉽게 넘어질 사람이기 때문이다.

하나님이 이미 응답하셨는데도 유혹이 올 때가 있다. 유혹이 명확하면 거절할 수 있다. 그런데 유혹은 늘 은밀하게 다가온다. 분별하기가 쉽지 않다. 그때 한 가지만 기억하면 된다. 하나님이 내게 주신 첫 번째 응답을 기억해야 한다. 그러면 금방 답이 나온다. 욕심에 이끌려 하나님의 응답을 오해한 자신을 발견한다. 말씀하신 길로 처음부터 갈 수 있다. 처음에 응답하신 것이 맞다. 하나님은 실수하지 않으신다.

Anna's Prayer 8

복음을 붙들고
평생 기도한 안나

안나는 평생 메시아를 기다리며 기도했다. 안나의 기도 제목은 늘 하나, 오실 메시아였다. 평생 장차 오실 메시아만 바라보았다. 이 말은 안나가 무미건조하게 같은 기도 제목을 반복해 기도했다는 의미가 아니다. 주문이나 주술 외듯이 기도하지 않았다. 생기 없는 기도를 남발하지 않은 것이 확실하다. 안나는 평생 복음을 붙들고 기도했기 때문이다.

안나는 장차 오실 메시아를 기다리며 기도하고 사람들에게 전했다. 안나의 메시아에 대한 이해는 세월이 갈수록 깊고 풍성해졌음이 틀림없다. 다윗도 일생을 통해 장차 오실 그리스도에 대한 이해가 깊어졌다. 자신이 평생 성령으로 노래했다고 고백한 다윗은 수많은 시편을 통해 오실 예수님을 예언했다. 예수님의 십자가 죽음과 부활과 승천까지 정확히 묘사했다. 예수님이 오시기 천 년 전부터 다윗이 이미 십자가의 사랑을 찬양했는데, 예수님의 초림을 맞이한 안나 선지자는 말할 것도 없다.

그래서 안나는 버텨냈다. 십자가를 통해 우리를 사랑하신 하나님의 은혜를 깨달았다. 그 사랑이 날로 새로웠다. 자신을 향한 무한하고 영원한 하나님의 사랑이 평생의 삶을 통해 깨달아졌고 끊임없이 갱신되었다. 하나님의 사랑이 끝없이 부어지니 살아갈 수 있었다. 여전히 자신을 사랑하시는 하나님의 사랑이 확실하니 살아낼 수 있었다.

✸ 고통을 이기는 복음의 능력

신대원에서 교회사 석사과정(Th.M)을 공부할 때였다. 당시 아이가 돌도 안 된 때였다. 나중에 아이가 뇌전증인 것을 알고, 염색체 결실로 인한 미진단 희귀질환자로 분류되었지만, 당시에는 아이가 아픈 원인을 몰랐다. 그래서 유명한 병원은

다 찾아다녔다. 안 가본 병원이 없을 정도다.

석사과정 한 학기를 마치고는 더 이상 지속하기가 어려웠다. 휴학을 해야 했다. 교회사 담당이신 안상혁 교수님을 찾아뵈었다. 전후 사정을 이야기하고 휴학계를 제출했다. 교수님은 내 사정을 매우 안타까워하셨다. 진심 어린 격려와 기도를 해주셨다. 교수님은 자신의 아들 이야기를 꺼내셨다. 병중에 있던 아들을 돌보다가 십자가를 지시는 그리스도의 기쁨을 깨달은 이야기를 들려주셨다. 이미 목회학 석사(M.Div) 시절에 교수님의 강의나 설교를 통해 들은 내용이었다.

그런데 그날은 왠지 달랐다. 교수님의 말씀이 내 마음에 박혔다. 십자가를 지시는 그리스도의 기쁨이 내 마음에 닿았다. 자식이 당하는 고통을 대신 가져가 당할 수 있다면 부모가 기쁨으로 감당하듯, 우리를 지으신 창조주요 하나님이신 예수님은 내가 당할 고통을 대신 가져가 당할 수 있으셨다. 그래서 기쁘셨다.

전에 교수님의 말씀을 들었을 때는 자식이 없었다. 그런데 아이를 낳고 아픈 아이를 늘 지켜보니 다르게 다가왔다. 부모의 입장이기에 더 깊이 다가왔다. 아픈 아이를 보며 고통을 대신 가져가 당할 수 없는 내 한계를 절감했다. 아이를 위해 아무것도 할 수 없는 무력한 나 자신을 처절하게 마주했다. 그런데 만약 내 아이의 고통을 대신 가져와 당할 수 있다면 얼마나 기쁠까 생각하니 눈물이 났다. 그런 기회가 주어질 수만 있다면 부모가 얼마나 행복할까. 그래서 예수님이 기뻐하셨다는 것이 깊이 다가오니 눈물이 날 수밖에 없었다. 십자가를 지시는 그리스도의 기쁨이 내 마음을 사로잡는 순간이었다.

그날 이후로 전쟁 같은 삶이 시작되었다. 그야말로 매일 병원에 갔다. 병증의 원인을 찾으려 동분서주했다. 원인 모를 감염과 고열로 한 달에 한 번꼴로 아이가 입원했다. 병원비를 감당할 여력이 없었다. 어떤 날은 동네 의원에서 진료받을 돈 만 원이 없어 열이 펄펄 끓는 아이를 병원에 데려갈 수 없었다. 붙들고 눈물로 기도하는 것이 전부였다. 마음이 타들어가 살 소망이 끊어지고 또 끊어졌다.

그런데 그때마다 이상한 일이 벌어졌다. 힘들면 힘들수록 내 마음 깊은 곳에서 복음이 꿈틀거렸다. 나를 살리려 십자가에서 죽으신 예수님이 떠올랐다. 기쁨으로 나를 대신해 죽으신 사랑이 내 마음을 가득 채웠다. 십자가 위에 달려서 나를 바라보시는 주님의 눈빛이 떠올랐다.

"참 다행이다. 내가 너를 위해 죽을 수 있어서 참 다행이다. 내가 죽어서 네가 사니 참 기쁘다. 참 다행이다."

고난이 깊어질수록 십자가의 사랑도 깊어졌다. 고난이 힘들어 눈물 나는 것이 아니었다. 십자가 사랑이 고마워 눈물이 났다. 그 눈물이 내 마음을 씻겼다. 복음이 고통을 이겼다. 그렇게 복음을 붙들고 고난을 지나갔다.

✳ 십자가 위에서의 첫 말씀이 이해된 순간

딸아이를 병원에 입원시킬 때면 마음이 무너진다. 아내와 아이를 입원실에 데려다주고 돌아가는 길에 눈물이 났다. 퇴원해 집으로 데려올 때도 눈물이 났다. 잃은 자식을 되찾은 느낌이었다. 아이를 꼭 끌어안고 한참 있었다. 다시는 빼앗기지 않으리라 다짐하고 또 다짐했다.

아이는 보통 한두 달에 한 번씩 입원했다. 그런데 어떤 날은 퇴원하자마자 바로 다음 날 또 입원했다. 그럴 때면 마음이 무너졌다. 그렇게 허망할 수가 없었다. 허탈함에 말조차 나오지 않았다. 입원시키고 돌아오는 길은 멍했다.

여느 때처럼 말씀을 묵상하고 기도했다. 그날의 본문은 십자가를 지시는 예수님 이야기였다. 십자가에 달리신 예수님은 처음으로 입을 열어 말씀하셨다.

"아버지, 저들의 죄를 용서하소서. 저들은 자기들이 무슨 일을 하는지 모릅니다."

매우 익숙한 본문이었다. 그런데 그 순간 십자가에 달린 예수님을 바라보시는 하나님 아버지의 심정이 헤아려졌다. 하나님의 하나뿐인 아들이 사람에게 잡혀 밤새 고문당하고 벌거벗겨진 채 십자가에 달려 죽어가는 모습을 바라보는 하나님 아버지의 마음이 내 마음에 닿았다. 그러면서 예수님이 말씀하신 큰 포도원 주인의 비유가 떠올랐다.

큰 포도원이 있었다. 주인이 농부들에게 세를 주어 농부들이 농사를 지었다. 추수 때가 되자 주인은 세를 받아오라고 종을 한 명 보냈다. 그런데 세를 주기 싫은 농부들이 그 종을 잡아 죽였다. 주인이 너무 황당하여 많은 종을 다시 보냈다. 그런데 세를 주기 싫은 농부들이 이번에도 그 많은 종을 잡아 죽이거나 때려서 돌려보냈다. 황당한 주인이 기가 차서 혼잣말을 했다. '그래도 농부들이 내 아들은 존대하겠지. 내 아들은 존중할 거야.'

주인은 자기 아들을 보내기로 결심했다.

"내가 내 사랑하는 아들을 보내노라."

주인이 아들을 농부들에게 보냈다. 주인의 아들이 오는 것을 멀리서 지켜보던 농부들이 수군거렸다.

"이는 상속자니, 자 죽이고 우리가 그의 유산을 차지하자."

농부들은 주인의 아들을 잡아 죽였다. 그리고 포도원 밖으로 내던져 버렸다. 누군가 그 이야기를 주인에게 전했다. 성경을 보면 그때부터 주인은 아무 말도 하지 않았다. 그냥 즉시 군사를 보내 농부들을 전멸시켰다. 싹 쓸어버렸다. 한 사람도 살려두지 않았다. 다 죽였다.

이것이 바로 십자가에 달린 아들 예수님을 바라보는 하나님 아버지의 마음이었다. 다 쓸어버리고 싶으셨을 것이다. 다 죽이고 싶으셨을 것이다.

'내 종들을 선지자로 그렇게 보냈는데 다 죽이더니 아들까지 죽이는구나.'

정말이지 다 쓸어버리고 싶으셨을 것이다. 누구보다 그런 아버지의 심정을 잘 아셨기에 십자가에 달리시자마자 예수님은 기도하셨다.

"아버지, 저들이 모르고 그러는 거예요. 모르고 그러니 용서해 주세요."

십자가 위에서 예수님만 고통당한 것이 아님을 깨달았다. 하나님 아버지도 고통당하셨음을 알았다. 나 같은 거 살리겠다고 자식을 내어주신 하나님 아버지의 사랑 앞에 몸 둘 바를 몰랐다. 그 사랑이 고마워 눈물만 났다.

세상 어떤 부모가 다른 사람을 살리겠다고 자기 자식을 내어주겠는가. 불가능하다. 보통 아이를 낳으면 '내 심장이 저기에 있다'고 말한다. 나도 자식을 낳기 전까지는 몰랐다. 그냥 감상적인 표현 정도로만 알았다. 그런데 막상 자식을 낳고 보니 알 것 같았다. 정말 내 심장이 자식에게 가 있었다. 자식을 낳는 순간 더 이상 내 생명은 중요하지 않았다. 내 자식의 생명이 압도적으로 중요했다. 내 자식에 비하면 나는 아무것도 아닌 존재였다. 자식이 내 전부가 되었다. 자식이 내 모든 것이었다. 세상 어떤 것과도 바꿀 수 없는 내 자식을 다른 사람 살리는 데 내어주는 것은 불가능하다. 있을 수 없는 일이다. 내가 대신 죽으면 죽었지 절대 자식을 내줄 수 없다. 그런데 하나님이 그 일을 하셨다. 정녕 그 일을 하셨다.

그러므로 우리는 죽었다 깨어나도 하나님의 사랑을 머리로는 이해할 수 없다. 우리 인식의 차원을 벗어난 사랑이기 때문이다. 우리가 도저히 상상하지도, 시도하지도, 감당하지도 못할 사랑이기 때문이다. 그래서 하나님은 그 사랑을 우리의 머리가 아닌 마음으로 깨닫게 하신다. 십자가에서 이루신 하나님의 사랑을 우리의 일생을 통해 마음에 끊임없이 깨닫게 하신다.

신자는 그 사랑을 붙들고 살아간다. 기도 응답이 아닌 십자가가 우리를 살린다. 문제 해결이 더뎌도, 문제가 여전해도 그 사랑이 너무 선명하니 괜찮아진다. 마음에 소망이 샘솟는다. 그렇게 다시 살아갈 용기를 낸다.

✳ 마음이 상한 자를 고치는 복음의 능력

전국의 교회를 다니며 복음을 전했다. 분명 간증자로 이름을 알렸는데, 어느 순간부터 간증보다 복음을 더 많이 설교하고 있다. 가는 곳마다 복음을 전할 때, 영혼을 살리는 하나님의 역사를 보았다. 단 한 번도 예외가 없었다. 사람을 살리는 복음의 능력을 눈앞에서 숱하게 목도했다. 세상의 고난과 문제가 수만 가지일진대, 단 하나의 복음이 그 모든 것을 해결했다. 회복의 역사가 나타났다. 단순히 회중만 살아나지 않았다. 설교자인 나도 살아났다. 복음 설교를 마치면 기도회를 인도했다. 기도의 주제는 늘 복음이다. 복음을 붙들고 간절히 기도하게 했다.

수련회 시즌에 한 교회의 청소년부 수련회에 갔다. 첫날 저녁집회부터 굉장히 힘들었다. 뭔가 꽉 막힌 것 같았다. 그럼에도 포기하지 않고 기도했다. 결국 은혜를 주시는 하나님을 만났다. 다음 날 저녁집회를 앞두고 걱정이 한가득이었다. 영적인 압박의 강도가 거셌다.

하루 종일 기도했다. 숙소 바로 앞이 바다여서 문을 열면 바다가 펼쳐졌다. 그러나 그런 것을 감상할 여유도 없었다. 커튼을 치고 하루 종일 방에 틀어박혀 기도했다. 하나님의 긍휼과 자비를 구했다. 그렇게 개인기도가 깊어질 무렵, 갑자기 눈에서 눈물이 쏟아졌다. 대성통곡했다. 이유는 단 하나, 나를 위해 십자가를 지신 예수님의 사랑이 너무 고마워서였다. 나를 살리신 은혜에 감격하여 펑펑 울었다. 예수님이 나를 위해 대신 죽으심을 내가 모르는 바가 아니었다. 너무 잘 알았다. 그 일로 수천 번은 족히 울었다. 그런데 또 눈물이 났다. 십자가가 내 안에 새로워졌기 때문이다. 복음의 감격이 내 안에 갱신되었다.

그렇게 그날 저녁집회에서 복음을 전했다. 복음을 붙들고 기도했다. 하나님의 놀라운 은혜가 임했다. 강력한 회개의 역사가 나타났다. 아이들이 눈물을 쏟으며 회개했다. 자기의 죄 때문에 울었다. 자기를 구원해 주신 은혜 때문에 울었다. 그렇게 아이들은 예수님을 인격적으로 만났다. 복음으로 환해진 아이들의 얼굴을 보는 것만큼 기쁜 일도 없다.

그다음 주에도 청년부 수련회에 갔다. 집회를 앞두고 간절히 기도했다. 기도 시간이 한 시간이 넘어서는데 눈물이 왈칵 쏟아졌다. 십자가의 사랑이 고마워서 또 울었다. 그다음 주에 청소년부 수련회를 가서도 또 울었다. 그다음 주에도 울었다. 그다음 주에는 청소년 집회에서 설교를 마치고 기도회를 인도하던 중 울었다. 나를 구원해 주신 예수님이 너무 고마워 목 놓아 울었다. 어린아이처럼 엉엉 울었다. 그렇게 울다 보면 내가 살았다. 삶의 무거운 짐을 벗어 던질 수 있었다. 무거운 어깨가 가벼워졌다.

✱ 밴쿠버에 일어난 복음의 강력한 역사

지방 한 도시의 수련회에 참가 중이었다. 첫날 집회를 마치고 쉬고 있는데 카톡이 울렸다. 모르는 사람이었다. 내용을 보니 예상 밖의 메시지였다. 밴쿠버 청년코스타 강사로 나를 섭외하고 싶다는 내용이었다. 하나님의 뜻이 있다는 감동이 일었다. 무슨 용기에서인지 가겠다고 답했다.

코스타는 자비량 사역이다. 항공료와 체류비를 내가 부담해야 한다. 매달 병원비 감당하기도 버거운 인생이 캐나다라니 언감생심이었다. 그런데 전혀 걱정되지 않았다. 부르신 하나님이 책임지신다는 믿음이 샘솟았다. 신실하신 하나님은 항공료를 채워주셨다. 나 혼자만이 아닌 우리 가족 전체의 항공료를 보내주셨다. 그렇게 우리 가족 모두 밴쿠버로 갔다.

현지에서 목도한 밴쿠버는 내 기대와 많이 달랐다. 세계에서 가장 살기 좋은 나라로 꼽히지만, 영적으로 척박하기 그지없었다. 미국과 캐나다를 비롯한 북미의 목회자들 사이에서 떠도는 말을 들었다.

"밴쿠버는 목회자들의 무덤이다."

목회하기 가장 어려운 곳이었다. 파트 사역자들은 무조건 투잡, 쓰리잡을 뛰어야 했다. 한국 기준이라면 자립할 규모의 교회인데, 담임목사님이 투잡을 뛰었다. 목회자에게 적정한 사례비가 지급되지 않는 분위기였다. 깨지고 상처 난 교회의 이야기를 들었다. 마음이 한없이 무거웠다. 전에 미국에 갔을 때 힘든 목회 환경을 보고 마음이 많이 아팠는데, 밴쿠버는 더하면 더했지 결코 덜하지 않았다.

그렇게 청년코스타가 개최되었다. 7년 만에 밴쿠버에서 다시 열린 청년코스타였다. 유스코스타는 매년 진행되지만, 이상하리만치 청년코스타는 열리지 못했다. 그러나 청년들의 목소리가 들려오기 시작했다. 함께 모여 뜨겁게 예배하기를 사모하는 이들의 목소리가 쌓였다. 거기에 반응한 목사님 몇 명이 있었다. 아무것도 보이는 것이 없었다. 재정도 스텝도 아무것도 없었지만, 하나님이 기뻐하시는 일이라는 믿음 하나 붙들고 지난해부터 준비한 것이다. 모여서 기도하고 기도하고 또 기도했다. 보이지 않는 길을 한 걸음 한 걸음 더듬으며 내디뎠다.

눈물의 기도를 들으신 하나님이 역사하셨다. 꿈꿀 수 없던 이들의 기도에 응답하셔서, 청년코스타가 7년 만에 열렸다. 백 명만 모여도 성공이라고 예상했는데, 청년이 365명이나 참가했다. 모든 프로그램마다 하나님의 은혜로 충만했다.

저녁집회 때는 그야말로 하나님의 은혜가 폭포수처럼 쏟아졌다. 강단에 올라 청년들에게 복음을 설교했다. 합심하여 기도할 때 강력한 회개의 역사가 일어났다. 십자가의 사랑에 반응한 청년들이 두 손 들고 눈물로 회개했다. 생명 주신 예수님을 위해 살겠다고 결단했다. 그야말로 복음의 축제였다. 압도적인 은혜였다. 그 압도하심이 너무 기쁘고 감격스러워서 어쩔 줄 몰랐다. 기쁨의 눈물이 줄줄 흘렀다. 한국에서도 이런 하나님의 임재를 경험하기가 쉽지 않은데, 가장 척박한 땅에서 하나님은 은혜를 쏟아부으셨다.

집회 후 청년들과 작별인사를 나누었다. 한 청년이 내 손을 잡고 울었다. 홀로 딸을 키우고 있었다. 딸에게 자폐와 뇌전증이 있었다. 삶의 소망이 끊어진 날들을 지나왔다. 청년은 집회 가운데 일어난 하나님의 놀라운 회복의 역사를 나누어주었다. 서로 두 손을 맞잡고 한참 바라보았다. 말하지 않아도 통했다. 우리에게 은혜 주신 하나님께만 영광을 돌렸다.

계속 청년들이 다가와 인사를 건넸다. 복음으로 살아난 이야기를 들려주었다. 이런 설교를 처음 들었다는 청년, 다시 살아갈 소망을 얻었다는 청년, 포기하지 않겠노라며 이전 삶에서 돌아선 청년에 이르기까지 간증이 줄을 이었다. 복음의 능력이었다. 선포된 복음이 스스로 역사했다. 복음을 붙들고 기도할 때 십자가의 사랑이 새로워졌다. 나를 위해 생명 주시고 자식을 내어주신 아버지 사랑의 크기에 압도되었다. 그렇게 수많은 청년이 살아났다. 아무것도 보이지 않는 척박한 환경에도 청년들을 품고 기도한 현지 목회자들의 기도를 들으신 하나님이 가장 멋지게 응답하셨다.

코스타에서 역사하신 하나님은 가는 곳마다 임하셨다. 하나님은 하나님의 방법으로 나를 강단에 세우셨다. 코스타에 간다고 미리 광고하지 않았는데, 현장에서 집회가 여럿 잡혔다. 그렇게 2주 동안 열한 번 설교했다. 가는 곳마다 복음을 전했다. 한 권사님은 이런 복음을 평생 처음 들었다며 내 손을 꼬옥 잡으셨다. 상상할 수 없는 고난 중에 처한 이들이 복음으로 살아났다. 복음은 만국 공통이다. 만병통치약이다.

✦ 개척교회에 일어난 강력한 성령님의 역사

"목사님, 성도가 몇 명 안 되는데 괜찮으세요? 사례비를 드릴 형편이 못돼요. 그래도 괜찮으시다면 와주시면 감사하겠습니다."

"물론이지요. 기꺼이 가겠습니다. 귀한 자리에 청해주셔서 감사합니다."

토요일 코스타 저녁집회 전, 한 교회의 연락을 받았다. 다음 날 주일 설교에 초청해 준 교회였다. 교회에 사정이 생겨 주일에 모실 수 없게 되었다며 미안하다고 했다. 나는 괜찮다고 말했다. 문득 전에 연락받은 개척교회가 생각났다. 당시에는 선약이 있어서 못 갈 것 같다고 했다. 그 교회에 다시 연락했다. 담임목사님이 흔쾌히 설교자로 불러주셨다.

주일에 강력한 성령님의 역사가 나타났다. 코스타 때보다 더 강력한 성령님의 역사하심이 있었다. 전날에 비하면 20분의 1도 안 되는 인원이 모였는데, 대단한 찬양팀도 좋은 환경도 아니었는데, 엄청난 성령 충만의 역사가 임했다. 곳곳에서 눈물이 터졌다. 예배 현장은 그야말로 눈물바다였다. 주께서 회개와 회복의 역사를 일으키셨다. 예정된 집회가 갑자기 취소되고, 급하게 개척교회에 나를 세우신 하나님의 뜻을 깨달았다.

그런데 그게 끝이 아니었다. 사모님과 대화하다가 사모님이 편찮으시다는 걸 알게 되었다. 오랜 세월 치료할 수 없는 병으로 투병 중이셨다. 목사님도 편찮으셨다. 기도하던 중 그 가정을 한국에 모셔야겠다는 감동이 임했다. 그래서 순종했다. SNS에 기도 제목을 올리고 더 간절히 기도했다.

선교회 계좌를 확인하는데 깜짝 놀랐다. 200만 원이 입금돼 있었다. 금액도 금액이지만 입금 시간을 보고 너무 놀랐다. 글을 올린 시간과 입금 시간이 정확히 일치했다. 몇 초 만에 내 글을 읽고 입금했다고 가정해도 물리적으로 불가능한 일이었다. 참 신기했다.

그러다 그 이유를 알게 되었다. 어느 자매님이 기도 중에 임한 마음의 감동에 순종해 우리 선교회 계좌로 후원금을 보낸 것이다. 그런데 그 돈이 자매님의 암 진단 보상금이었다. 그중 일부를 보내신 거였다. 그 시간에 내가 로뎀나무가 필요한 가정의 글을 SNS에 올린 것이다.

사연을 듣고 온몸에 전율이 일었다. 먼저는 자매님의 귀한 마음이 너무도 고마워서 어쩔 줄 몰랐다. 그야말로 생명값을 보내신 거였다. 그 큰 사랑과 섬김 앞에 어찌할 바를 몰랐다. 하나님의 섭리에 감격하고 또 감격했다. 이 돈은 누가 뭐래도 그 가정을 위한 것이었다.

하나님의 역사는 거기서 그치지 않았다. 전혀 예상치 못한 곳에서 후원금이 들어오기 시작했다. 그리고 마침내 치료받을 수 있을 만큼 재정이 채워졌다. 기쁜 마음으로 밴쿠버의 목사님께 전화를 드렸다. 가족의 항공료와 필요한 경비도 보내드릴 테니 부담 갖지 말고 오시라고, 병원비와 체류비도 걱정하지 말고 오시라고 했다. 이건 내가 한 일이 아니라 하나님이 하신 일임을 다시 한번 말씀드렸다. 목사님은 가족과 함께 한국에 오기로 결정하셨다. 기적이라고밖에 설명할 수 없었다. 하나님이 하셨다.

※ 주의 종들을 위로하신 하나님

밴쿠버에 오기 전 항공권을 예매할 때였다. 귀국할 비행기가 자정을 넘어 있었다. 실질적으로 하루를 더 머무는 셈이었다. 아내가 말했다.

"그날 하나님이 하실 일이 있나 봐."

밴쿠버에서 사역하다가 귀국을 며칠 앞두고, 한 기도회의 설교를 부탁받았다. 기도회 이름이 '로뎀기도회'였다. 로뎀나무처럼 목회자라면 누구나 쉼과 충전을 얻는 자리였다. 그렇게 귀국일에 기도회에 갔다.

막상 가보니 내가 설 수 없는 자리였다. 평생 캐나다의 원주민 사역을 하신 선교사님들이 앉아 계셨다. 가장 낮은 곳에서 가장 작은 자들의 친구가 되어주신 믿음의 선배님들로 가득했다. 내가 설교를 들어야 할 분들인데, 가장 자격 없는 내가 말씀을 전하게 되었다.

설교와 기도 시간에 성령님의 강력한 역사가 있었다. 하나님의 은혜에 우리 모두 압도되었다. 주님께 처음 부르심을 받은 그때의 마음을 다시 회복시켜주셨다. 하나님이 나를 일시키려고 부르신 게 아니라, 나를 사랑하셔서 함께하려고 부르셨다는 그 사랑에 감격했다.

예배 후에도 눈물로 서로 맞잡은 손을 쉽게 놓지 못했다. 내게 안수기도를 부탁하는 분들이 있었다. 내가 감히 감당할 수 없는 일이었다. 그럼에도 간곡히 부탁하셔서 거절할 수가 없었다. 떨리는 손으로 안수하며 기도했다. 하나님의 은혜가 다시 우리를 울렸다.

집회를 마치고 사례비를 주셨다. 받을 수 없다고 말씀드렸지만 꼭 받아달라며 손에 쥐어주셨다. 그런데 식사 후 또 봉투를 내미셨다. 선교사님들이 모아서 주신 후원금이라고 하셨다. 거절해도 소용이 없었다. 이미 울컥했는데, 봉투를 열어보니 절로 눈물이 났다. 금액이 너무 컸다. 선교사님들의 형편을 잘 아는데, 너무 큰 후원금을 모아주셨다. 말로 다할 수 없는 사랑에 그저 눈물만 났다.

겸손한 사람은 한없이 겸손하고, 교만한 사람은 한없이 교만하다. 캐나다의 상처받은 원주민들을 평생 섬기셨고, 세상에서 가장 낮은 자리를 평생 지키셨고, 나 같은 사람과는 비교도 안 될 충성을 하셨는데, 내가 고개 숙이고 머리를 들이밀어도 모자랄 판인데, 믿음의 선배님들의 겸손함은 끝이 없었다. 선배님들의 눈물을 잊지 않을 것이다. 평생 걸어가신 좁은 길, 나도 잘 따라갈 것이다.

✧ 하나님이 지피신 불을 지키는 사람들

밴쿠버를 떠나는 날, 코스타 스텝들과 인사를 나누었다. 왠지 모를 전우애 같은 게 느껴졌다. 울컥해서 눈물이 날 것 같았지만 꾹 참았다.

한 전도사님이 코스타에서 하나님이 주신 은혜를 이어가야 한다는 마음을 받으셨다. 그래서 바로 워십 팀을 조직하셨다. 매월 마지막 주 목요일에 청년집회를 열기로 하셨다. 청년들이 함께 모여 예배할 자리가 없었는데, 그 일을 시작하기로 결단하신 거다. 전도사님이 말씀하셨다.

"이 땅에 불을 지펴주셔서 감사합니다. 꺼지지 않게 잘 이어가겠습니다."

"제가 한 게 아니에요. 전도사님과 여러분의 기도에 하나님이 응답해 주신 거예요."

겸손을 떤 게 아니라 사실 그대로였다. 하나님은 돌들로도 찬양하게 하실 수 있다. 나는 그저 잠시 들어 쓰신 도구에 불과하다. 나는 아무것도 아니다. 부흥을 꿈꾸며 기도한 귀한 분들의 기도를 하나님이 들으셨다.

한국으로 귀국하고 한 달 뒤, 밴쿠버에서 다시 연락이 왔다. 코스타에서 하나님이 주신 은혜의 불길을 꺼뜨리지 않겠노라며 Prayer Night 정기집회가 시작됐다는 소식을 전해 주었다. 오늘이 그 첫날이었다며 현장 사진을 보내주었다. 사진을 보는데 울컥했다. 하나님의 영광 하나만 바라보며 기도의 자리를 지키는 분들이 무척 귀하고 아름다워 보였다.

나는 믿는다. 하나님이 그들의 기도를 들어주실 것이다. 밴쿠버의 청년들에게 더 큰 부흥의 불길이 일어날 것이다. 하나님의 약속이 그 일을 보증한다. 하나님이 우리에게 기도를 시키신다는 건 이미 약속하셨다는 뜻이다. 신실하신 하나님이 친히 그 약속을 이루실 것이다.

교회사 속의 모든 부흥은 단 몇 사람의 기도로 시작되었다. 이번 코스타도 몇 사람의 기도에서 시작되었고, 하나님은 상상도 못한 큰 은혜로 응답하셨다. 우리 안에 착한 일을 시작하신 하나님을 모두 보았다. 앞으로 하나님이 행하실 일들이 몹시 기대된다. 사랑하고 존경하는 전우분들과 함께 기도하며 응원한다.

✳ 밴쿠버의 한 청년에게서 온 편지

목사님 안녕하세요. 기억하실지 모르겠는데, 밴쿠버 청년코스타 다음 날 목회자 컨퍼런스에서 잠깐 뵌 청년입니다. 책을 구매하려고 했는데, 목사님이 작은 자에게 나아가는 목적으로 나눠주는 거면 그냥 가져가라고 하신 그 청년입니다. 목사님께서 던져주신 메시지에 너무 부끄러웠습니다. 신학을 이제 막 시작한 제가 실천할 부분에 대해 깊게 고민하게 만들어주셔서 정말 감사했습니다.

다름 아니라, 그 도전 이후로 밴쿠버 다운타운 헤이스

팅스에 가득한 노숙자와 마약 중독자들을 섬기는 LOVE ONE ANOTHER의 사역에 참여했습니다. 이번 주에 저희 찬양팀이 그분들에게 음식도 나눠드리고, 이야기도 들어 주고, 옷도 입혀드리는 섬김을 하고 왔습니다. 그리고 정기적으로도 참여하기로 했습니다. 아주 작은 일이지만 혹시 이런 소식이 목사님에게 작은 위로가 될 수도 있지 않을까 하는 마음으로 메시지를 보내봅니다.

목사님의 메시지가 정말 그리스도인들을 깨우고, 더 건강하게 또 예수님의 시선을 바라보게 해주셨다는 말과 함께 감사를 전하고 싶습니다. 저번에 제게 그냥 선물처럼 주신 책값은 이 단체에 기부하기로 했습니다. 너무 감사하고 앞으로도 올려주시는 소식을 들으며 간접적으로 도전받고 교제하겠습니다.

밴쿠버의 한 청년에게서 온 메시지다. 얼마나 큰 감동스러운지 한동안 아무 말도 할 수 없었다. 강단에서 선포된 하나님의 말씀 하나 붙들고, 펜타닐 중독자들과 노숙인들로 가득한 그 거리에 담대히 나간 청년들의 용기와 믿음에 눈물이 났다. 내게 작은 격려라도 주고 싶다며 보낸 청년의 메시지는 내 인생에 가장 큰 격려가 되었다.

✦ 복음이 고난을 이기는 이유

　신자는 천국 소망을 가지고 살아간다. 천국을 바라보고 살아가지만, 지옥 같은 이 땅을 살아가야 한다. 분명 천국에 갈 것을 알지만, 지옥 같은 이 땅을 딛고 살아내야 한다. 그 세월이 너무 길게 느껴진다. 우리 삶의 고난이 아무리 크다 할지라도, 문제가 아무리 크다 할지라도, 십자가의 사랑보다 크지 않다. 고난이 아무리 커도 하나님의 사랑보다 크지 않다. 하나님의 사랑이 고난을 덮고도 남는다.

　지긋지긋한 지옥 같은 삶을 지금까지 살아왔다. 그런데 죽지 않고 살았다. 죽어도 몇 번은 죽었을 인생이 지금껏 살았다. 이유는 오직 하나였다. 바로 복음이다. 삶의 소망이 끊어진 것 같은 숱한 날들을 지나오며, 마음에 마지막 남은 생명줄 한 가닥이 간당간당 끊어지려 할 때, 이제는 다 끝났다 싶을 그때, 마음 깊은 곳에서 십자가의 사랑이 스멀스멀 올라왔다. 지금 당장 죽을 것 같은데, 십자가의 사랑이 내 마음을 덮었다. 고난이 깊어질수록 십자가의 은혜도 깊어졌다. 고난이 커질수록 십자가의 사랑이 더 크게 다가왔다. 몹시도 힘들고 어려워 당장 죽을 것 같았는데, 십자가의 사랑이 내 마음에 새로워지니 숨이 쉬어졌다. 살아졌다. 살아가게 되었다.

그렇게 복음을 붙들고 살아왔다. 십자가를 붙들고 기도했다. 넘어져도 십자가 앞에 와서 넘어졌다. 울어도 십자가 앞에 와서 울었다. 눈물이 마른 날에도 십자가 앞에 나와 멍하니 앉아있었다. 십자가를 붙들고 살아가다 어느 순간 뒤돌아보니 문제가 치워져 있었다. 평생 내 발목을 붙잡고 놓아주지 않던 그 문제들이 사라져 있었다. 그저 복음 붙들고 주님과 동행하며 삶을 살아냈는데, 그 문제가 온데간데없이 사라졌다.

선하신 하나님은 우리 기도를 들으신다. 문제가 해결되고 기도가 응답되는 날은 온다. 다만, 내가 원하는 때가 아닌 하나님의 때에 온다. 그때까지 버텨내야 한다. 그래서 복음이 필요하다. 삶의 환경과 처지와 상관없이 나를 일으켜 세우는 복음을 붙잡아야 한다. 아무리 고난이 커도 하나님의 사랑보다, 십자가의 사랑보다 크지 않았다. 그러니 이 땅의 삶을 끝까지 살아낼 수 있다. 분명 좋은 날도 오고, 하나님의 선물 같은 날도 올 것이다. 십자가에서 죽으시고 부활하신 주님이 여전히 함께하시니, 우리는 혼자가 아니다. 그 사랑으로 지금도 내 곁을 지키시고 동행하시니 괜찮다.

나를 살리는 기도

주님, 안나가 삶을 지속한 이유가
기도였음을 알았습니다.
문제 해결이 응답이 아니라
기도 자체가 응답임을 알았습니다.

주님, 내 기도를 들어주시니 감사합니다.
하나님이 다 들으셨고 다 아시니 되었습니다.
하나님이 다 아시니 안심입니다.
길이 아닐지라도, 주님이 함께하시니 괜찮습니다.

주님, 자격 없어도 사랑하시니
응답 없어도 사랑합니다.
나를 위해 생명을 내어주셨으니, 전부를 주셨으니,
나는 이미 다 받았음을 고백합니다.
나도 주님께 다 드리기 원합니다.
예수님의 이름으로 기도합니다.

아멘.

나를 살린
기도 나눔

　　안나는 평생 기도의 자리를 지켰다. 누구도 오실 메시아를 기대하지 못했던 암흑기에도 홀로 기도의 자리를 사수했다. 그리고 마침내 예수님을 만났다. 많은 사람의 기도가 아닌 한 사람의 기도면 충분했다. 안나 한 사람의 기도로 온 민족을 구원할 메시아이신 예수님을 보내주셨다. 예수님을 본 안나의 눈에서 눈물이 흘렀다. 그동안의 모든 회한과 아픔이 눈 녹듯 사라지는 순간이었다. 안나는 후회 없는 인생을 살았다. 안나의 일생을 지켜준 것은 기도와 그 기도의 제목이었다. 평생 붙든 한 가지 기도 제목 '복음'이 안나를 살렸다. 안나를 숨 쉬게 했다.

1. 하나님은 부르신 한 사람을 통해 일하신다. 한 사람의 기도를 통해 역사하신다. 내 삶, 내 가정, 우리 교회에 놀라운 일을 행하신다. 홀로 기도의 자리를 지키며 하나님의 뜻을 간구했던 이야기를 함께 나누어보자.

2. 하나님이 기도하게 하시는 것은 약속 주셨음을 의미한다. 하나님이 이루실 일을 미리 내게 약속하신 것이다. 하나님이 내 마음에 감동을 주신 기도 제목이 있다면 함께 나누어보자.

3. 신자는 일평생 기도하며 복음을 더 깊이 깨달아간다. 이미 십자가의 사랑으로 눈물 흘렸는데 또다시 눈물이 흐른다. 그 복음이 나를 살린다. 복음이 나를 살린 이야기를 함께 나누어보자.

닫는 이야기

평생 복음을 붙들고 기도한 사람들

부활하신 예수님은 제자들을 찾아가셨다. 사명의 길을 외면하고 익숙한 어부의 삶으로 되돌아간 베드로를 찾아가셨다. 예수님은 베드로에게 질문하셨다.

"요한의 아들 시몬아, 네가 이 사람들보다 나를 더 사랑하느냐?"

예수님을 배반하여 낙망한 베드로에게 여전히 나를 사랑하느냐 물으셨다. 이때 '이 사람들'은 헬라어 원문으로 보면 대명사다. '이것들'이다. 영어로 하면 'these'다. 주님이 베드로를 바라보시며 "요한의 아들 시몬아, 네가 이것들보다 나를 더 사랑하느냐?" 하고 물으신 것이다. 뭔가를 가리키면서 물어보셨다.

그런데 '이것들'이라는 단어는 남성명사이자 중성명사다. 남성명사로 해석하면 '이 사람들'이라고 보는 게 맞다. 주변에 있는 제자들을 가리키며 "이 사람들보다 나를 더 사랑하느냐?"라는 해석이 맞다. 그런데 중성명사로도 해석할 수 있다. 둘 다 가능하다. 중성명사로 해석하면 해석이 달라진다. "요한의 아들 시몬아, 네가 이 물고기들보다 나를 더 사랑하느냐?"

예수님은 베드로가 왜 제자가 되었는지 정확히 알고 계셨다. 왜 예수님을 따르기 시작했는지 그 동기를 정확히 꿰뚫고 계셨다. 예수님을 사랑하는 마음도 있었지만, 물고기 때문이었다. 예수님을 통해 물고기를 얻으려는 마음이 베드로에게 있음을 아셨다. 예수님을 통해 자기의 야망, 자기의 꿈을 성취하려는 베드로의 동기를 정확히 파악하고 계셨다. 그래서 물고기들보다 나를 더 사랑하느냐고 물으신 것이다. 핵심을 정확히 꿰뚫는 질문이었다.

베드로는 주님을 사랑한다고 답했다. 물고기가 아닌 예수님을 사랑한다고 고백했다. 이때부터 베드로는 더 이상 물고기를 구하지 않았다. 물고기를 놓고 기도하지 않았다. 더는 물고기를 사랑해서 예수님을 따르지 않았다. 예수님이 좋아서 예수님을 따랐다. 예수님을 사랑해서 예수님을 따랐다. 자기를 위해 죽으시고 생명 주신 주님의 사랑이 고마워서 예수님을 따랐다. 그렇게 베드로와 제자들은 평생 예수님을 사랑해서 기도했다. 누구보다 오랫동안 기도했다.

신자가 기도하는 이유는 예수님을 사랑하기 때문이다. 신자는 하나님을 사랑하는 만큼 기도한다. 우리가 기도하지 않는 이유는 하나님을 사랑하지 않기 때문이다. 진정 하나님을 사랑한다면 하나님과 함께 있는 시간을 마다할 이유가 없다. 내가 사랑하는 주님의 뜻을 구하는 기도를 외면할 수 없다.

누군가를 사랑하면 사랑하는 대상의 기쁨을 위해 살기 마련이다. 하나님을 사랑하면 하나님의 기쁨을 위해 살아간다. 하나님이 가장 기뻐하시는 기도를 결코 쉴 수 없다. 부모가 자녀에게 원하는 것은 단 하나다. 자녀와 함께하는 것이다. 자녀와 함께 있는 시간이 부모에게 가장 큰 기쁨이다. 하나님도 마찬가지다. 자녀인 우리와 함께함을 가장 기뻐하신다. 하나님께 기도로 우리의 모습을 보여드릴 때 하나님은 기뻐하신다. 기도로 사랑하는 하나님과 동행하는 것보다 행복한 것은 없다.

안나 선지자는 일평생 하나님의 얼굴을 보았다. 주야로 금식하며 기도하면서 하나님을 날마다 만났다. 안나에게는 하나님이 그 누구보다 익숙했다. 그래서 이 땅에 오신 예수님을 한눈에 알아볼 수 있었다. 같은 시간 같은 자리에 있던 시므온은 성령의 지시하심을 받아 예수님을 알아보았다. 그런데 안나는 그런 언급이 없다. 안나는 그저 한눈에 예수님을 알아보았다. 평생 예수님을 보았기 때문이다. 평생 복음을 붙들고 기도하면서 예수님을 만났기 때문이다. 평생 함께하신 예수님이 이 땅에 오셨는데, 한눈에 알아보는 것은 지극히 당연한 일이다. 그렇게 안나는 예수님을 만났다. 그리고 예수님과 영원히 함께할 천국으로 들어갔다.

우리도 예수님을 만나는 그날, 안나처럼 예수님을 한눈에 알아보자. 안나처럼 나를 구원하신 예수님의 사랑이 고마워 늘 기도의 자리를 지키자. 늘 예수님의 얼굴을 바라보자. 기도로 평생 예수님의 손을 잡자. 그러면 주님이 다시 오시는 그날, 예수님을 마주 보고 좋아서 배시시 웃기만 할 것이다.

나를 살리는 기도

1판 1쇄 발행 2025년 12월 3일

지은이   서진교

펴낸이   곽성종
펴낸곳   (주)아가페출판사
등록   제21-754호(1995. 4. 12)
주소   (08806) 서울시 관악구 남부순환로 2082-33(남현동)
전화   584-4835(본사) 522-5148(편집부)
팩스   586-3078(본사) 586-3088(편집부)
홈페이지 www.agape25.com
판권   ⓒ 서진교 2025
ISBN   978-89-537-9697-3 (03230)
분당직영서점 전화 031-714-7273 | 팩스 031-714-7177
인터넷서점   http://www.agapemall.co.kr
             인터넷에서 '아가페몰'을 검색하세요.

저작권법에 의하여 한국 내에서 보호받는 저작물이므로
무단전재와 복제를 금합니다.

아가페 출판사